V&R

Bernd Schmid / Andrea Günter

Systemische Traumarbeit

Der schöpferische Dialog anhand
von Träumen

Vandenhoeck & Ruprecht

Bibliografische Information der Deutschen Nationalbibliothek

Die Deutsche Nationalbibliothek verzeichnet diese Publikation in der
Deutschen Nationalbibliografie; detaillierte bibliografische Daten sind
im Internet über http://dnb.d-nb.de abrufbar.

ISBN 978-3-525-40181-1
ISBN 978-3-647-40181-2 (E-Book)

Umschlagabbildung: © Dr. Bernd Schmid, Tannheimer Tal, 2006

© 2012, Vandenhoeck & Ruprecht GmbH & Co. KG, Göttingen /
Vandenhoeck & Ruprecht LLC, Oakville, CT, U.S.A.
www.v-r.de
Alle Rechte vorbehalten. Das Werk und seine Teile sind urheberrechtlich
geschützt. Jede Verwertung in anderen als den gesetzlich zugelassenen Fällen
bedarf der vorherigen schriftlichen Einwilligung des Verlages.
Printed in Germany.

Satz: SchwabScantechnik, Göttingen
Druck und Bindung: ⊕ Hubert & Co, Göttingen

Inhalt

I. **Systemisches Arbeiten mit Träumen** 9
Einführung 9
Zum Buch 15

II. **Der schöpferische Dialog mit einem Traum** 18
Der systemische Blick auf Träume 18
Das Dialogische des Traums 18
Ein Traumgeschehen schöpferisch entfalten 22
Gesprächspartner im Traumdialog sein 24
Den Träumer beobachten, das Träumen beobachten 26
Begegnung von Wirklichkeitsstilen 27
Aktives Gestalten mit Trauminszenierungen 29
Traditionelle Traumarbeit 30
Freud: Angst, Wunscherfüllung und Traumbedeutung ... 30
Adler: Selbstwert, Vermeidungen und Ambitionen 33
Jung: Individuation, Schattenintegration und Traumdialog 35
Das besondere Potential des Träumens nutzen 37
Wirklichkeiten kreativ erforschen 37
Balancen finden 39
Vielschichtige Wirklichkeitsbezüge üben 41
Innen- und Außenwirklichkeiten verknüpfen 42
Traum- und Wachwirklichkeiten aufeinander beziehen .. 43
Persönliche und kulturelle Bedeutung anreichern 44
Archetypische Betrachtungen anstellen 46
Sinnempfängliche Kommunikationskulturen entwickeln 47
Ein Traumtagebuch führen 47

III.	Traumdialoge und Diskurskultur	49
	Erste Schritte	49
	Traumdialoge als gemeinsame Erzählung	50
	Kollegiale Traumdialoge	51
	Traumdialoge als experimentelle Collagen	52
	Intuitionen folgen	53
	Schutz intimer Sphären	54
	Spontaner Traumdialog in der Morgenrunde	55
	Traumdialog als ein methodisches Experiment	56
	Sich auf professionelle Traumdialoge vorbereiten	62
IV.	Systemische Arbeitsfiguren	66
	Den Kontext einer Erzählsituation beleuchten	66
	Fokussierungen von Träumer und Zuhörer beleuchten	70
	Suchprozesse auslösen	71
	Zu Assoziationen einladen	72
	Eine Traumerzählung vervollständigen	74
	Traumfragmente anreichern	75
	Mit verwirrenden Erzählungen umgehen	76
	Erinnerungs- und Erzählgewohnheiten ansprechen	77
	Deutungsgewohnheiten zum Thema machen	79
	Die Inszenierungsebene einführen: Die Theatermetapher	79
	Nach den Traumelementen und ihrer Qualität fragen	81
	Kulturelle Bedeutung zur Anreicherung nutzen	82
	Momente mit besonderer Bedeutung	83
V.	Vertiefende Arbeitsfiguren, Beispiele und Erläuterungen	85
	Die Kontextgenerierung zum Traumgeschehen einleiten	85
	Kontexthinweise einführen	86
	Die Beobachterperspektive stark machen	89
	Deutungsgewohnheiten transformieren	91
	Mit Erzählgewohnheiten experimentieren	93
	Die Differenz von Wirklichkeitsstilen nutzen	95
	Wirklichkeitsstile weiterentwickeln	96
	Zu Wirklichkeitslogiken Kontraste bilden	98
	Eine Auswahl fokussieren und vereinbaren	100
	Konkret und spezifisch werden	101

Zukunftsorientierung im Traum 103
Das Traumgeschehen und die Spiegelung
aktueller Erfahrung 105
Lebensherausforderungen in Beziehung setzen 106
Konfrontieren 108
Mehrere Perspektiven integrieren 110
Archetypen studieren 112
Seelische Hintergrundbilder erkennen und einbeziehen ... 114
Symbolwissen anbieten 116
Mit Symbolen und ihren Bezügen spielen 117

VI. **Herr MIDLIFE in der Krise. Eine Fallstudie mit Übungsmöglichkeit** 120
Träume im Coaching 120
Zuweisung 121
1. Sitzung: Die berufliche und persönliche Situation 122
3. Sitzung (8. Woche): Ein wiederkehrender Traum 124
4. Sitzung (13. Woche): Der zweite Traum 127
Die weitere Entwicklung 130
7. Sitzung: Eine Lebenskrise 132
8. Sitzung: Ein Traum inmitten der äußerlichen Krise 133
Nachlese 134

VII. **Schluss** 135

VIII. **Leitfaden für den schöpferischen Dialog mit einem Traum** 137
Leitlinien 137
Erstes Fragen 138
Grundsätzliche Vorgehensweisen und Perspektiven 139
Die Bezüge des Traums erfragen 140
Fragen zur Traumerzählung 141
Trauminhalte erfragen 142
Wirklichkeitsbezüge des Traums erkunden 144

Literatur 147

I. Systemisches Arbeiten mit Träumen

Einführung

Geben Träume den Menschen Rätsel auf? Wie geben Träume den Menschen zu denken? Die Antworten auf solche Fragen hängen davon ab, was man in Träumen sucht, welchen Umgang man mit ihnen pflegt.

Versteht man Träume wie in alten Zeiten als Botschaft der Götter, dann verkörpern sie etwas Esoterisches, Geheimnisvolles, Heiliges und können mit einer Art priesterlichem Glanz ausgelegt werden. Findet man in ihnen eher wie in psychologischen und psychoanalytischen Traumtheorien eine eigenwillige Ausdrucksweise der Seele, mit der menschliche Lebensfragen und Konflikte dargestellt werden, kann man das Bedürfnis haben, sie zu entschlüsseln. Ob man von einer Ziege, einem Helikopter oder aber von einer Lichterscheinung in einer Schreibtischschublade träumt – Fachleute können Träumern ihre Traumbilder auslegen, sie können die geträumten Bilder beispielsweise durch ihr Wissen über Lebensthemen und bekannte Lesarten von Symbolen erhellen helfen.

Neben unterschiedlichsten Ansätzen und Kombinationen der Deutung des Trauminhalts und der Dynamik des Traumgeschehens gibt es einen weiteren, einen dritten Weg im Umgang mit Träumen: das systemische Arbeiten mit Träumen. Auf einen ersten Nenner gebracht bedeutet systemisches Arbeiten mit Träumen, das Träumen im Dialog als Wirklichkeitsinszenierung zu befragen, in vielfältige Zusammenhänge zu stellen und schöpferisch sinnvolle Entwicklungen anzustoßen.

Ihre Träume beschäftigen Menschen immer wieder. Vor dem Hintergrund einer Humanwissenschaft, die sich das Modell der Kybernetik 2. Ordnung zunutze macht, werden Menschen als Beobachter und Begleiter ihrer Traumerfahrungen in den Vordergrund gestellt. Zugleich kann in Betracht gezogen werden, dass das Träumen Wirkungen erzeugt: Ein Traum kann den Träumer intensiv beschäftigen, ihn in seinen Wirklichkeiten ausrichten. Manchmal will der Träumer seinen Traum und die durch diesen repräsentierte Wirklichkeit besser verstehen. Hierfür kann er sich Gesprächspartner suchen: Einzelpersonen oder eine Gruppe, Laien, was das Arbeiten mit Träumen betrifft, oder Berater, die im Umgang mit Träumen methodisch geschult sind.

Sich selbst mit einem Traum auseinandersetzen zu wollen oder von anderen dazu eingeladen zu werden, einen Traum zu erzählen, solche Anlässe bilden den Ausgangspunkt dafür, den Dialog mit einem Traumgeschehen zu beginnen. Mit einem Traum in einen schöpferischen Dialog einzutreten kann verschiedene Zwecke verfolgen. Der Träumer kann besser verstehen wollen, welche Wirklichkeit ein Traumgeschehen transportiert. Träume einander zu erzählen kann aber auch eine Erzählkultur stiften, in der Menschen miteinander andere Wirklichkeiten teilen als die, die die Tagwelt bereithält. Wenn Menschen einander Träume erzählen, teilen sie etwas miteinander, von dem sie vorerst lediglich träumen konnten.

Menschen sind erzählende Wesen. Was Menschen von Tieren unterscheidet, sind ihr Bedürfnis und ihre Fähigkeit, ihre Geschichte zu erzählen, sich auf mehr zu beziehen als das profane Leben. Man kann das menschliche Gehirn als leistungsstarke Assoziationsmaschine betrachten (Jacobs u. Schrott, 2011), die aus unendlich vielen Möglichkeiten und Daten Bedeutung erzeugt. In ihren eigenen Geschichten können Menschen ihren Wirklichkeitsgewohnheiten begegnen, aber oft auch großer Weisheit und unerwarteten poetischen Kompetenzen (Schmid, 2005b). Wir betrachten Menschen daher als »Mythen« bildende Wesen.

Menschen bilden spontan Mythen und Zusammenhänge zu Lebenserfahrungen. Dass Menschen Mythen bilden, gilt nicht nur für bestimmte Lebenszusammenhänge oder bestimmte Berufsgruppen, für die das nahezuliegen scheint wie für Psychologen. Wie geläufig dies ist, zeigt der Traum eines Juristen zum Abschluss einer Beratungssequenz. Er hatte zuvor in anderen Männern seiner beruflichen Bezugsgruppe nur »Ellenbogentypen« gesehen und war unsicher gewesen, ob er zu ihnen gehören konnte oder wollte. Nach einem überwundenen beruflichen Einbruch träumt er:

Einführung

Ich bin auf einer Bergwanderung. Ich bin an einer Weggabelung. Den Aufstieg nach links hatte ich unpassierbar vermutet, weil dort ein Bergrutsch den Weg weggerissen hatte. Doch zu meinem Erstaunen ist dort aus Holz eine Überbrückung gebaut worden. Ich kann also diesen Weg doch nehmen. Nach einem langgezogenen Aufstieg komme ich in ein Dorf, das ich nicht kenne und dort auch nicht vermutet hätte. Auffällig ist der Kirchturm in der Mitte. Wie ich die ersten Häuser erreiche, sehe ich rechts ein Kaffeehaus, in dem nur Männer sitzen. Sie rufen mich heran und ich geselle mich zu ihnen.

In einem Traumgeschehen können sich Bilder für die Herausforderungen finden, die das Leben und die Welt mit sich bringen, für die Ambitionen, die den Träumer in seinem Leben leiten, für Meilensteine auf dem Lebensweg. Sie können Bewältigungsstrategien und Lösungswege zu verstehen geben oder auf Verengungen und Ergänzungsbedarfe hinweisen. Ein Traumgeschehen regt den Träumer zum Nachdenken über sich selbst an: über seine Wirklichkeiten, über biographische und kulturelle Wurzeln, über vielfältige aktuelle Wirklichkeitsbezüge und über seine spezielle Art, neue Wirklichkeiten zu erzeugen. Träume und die Umgangsweisen mit ihnen stellen Spiegelungs- und Experimentierflächen zur Verfügung. Sie sind Medien für sich anbahnende oder zukünftig mögliche Entwicklungen.

Im Dialog mit einem Traum ist der Traum selbst allerdings nicht unbedingt das Ergiebigste. Oft sind die möglichen Bedeutungen eines Traums, die im Dialog erarbeitet werden, oder die Bezüge zu den Wirklichkeiten des Träumers entscheidend. Der Blick kann auf die Wirklichkeit stiftenden Zusammenhänge des Träumens gerichtet werden, statt vorrangig den Inhalt eines Traums begreifen zu wollen. Mit diesem Blick wird auch die Bedeutung der Instanzen relativiert, die im Traum sprechen – ein Gott, das Unbewusste, die Seele? –, ebenso die Klärung dessen, ob ein Traum per se etwas sagen will. In den Vordergrund rückt, dass im Dialog zu einem Traum etwas gesagt werden soll.

Bedeutung im Dialog mit einem Traum entstehen lassen zu wollen öffnet den Raum, in dem der Inhalt und die Dynamik eines Traums auf die Verarbeitungsweisen der Dialogpartner treffen und miteinander schöpferisch verarbeitet werden können. Das tradierte Wissen über die Bedeutung von Traumelementen oder Gewohnheiten bestimmter

Traumdeutungsschulen können hierbei ebenso hilfreich sein wie die unbefangenen Assoziationen des Träumers und seiner Gesprächspartner.

Die Begegnung von solch unterschiedlichen Aspekten öffnet den Raum für einen schöpferischen Umgang mit einem Traum und mit dem Träumen. Träume werden im Dialog mit sich selbst und anderen (weiter)entwickelt. Die dialogische Auseinandersetzung mit einem Traum gibt das Recht am Traumdeuten, an der Traumsprache an die Träumenden zurück. Wir nennen dies gelegentlich »Evangelisierung der Traumkultur«. Auch ohne einen Priester, der dem Unverständigen höhere Bedeutungen vermittelt, kann der Träumer im Dialog mit sich und anderen seiner Gemeinschaften sinnvolle und hilfreiche Bedeutungen finden. Gehören zu diesen Gemeinschaften sehr Erfahrene und aufgeschlossene Fachleute, ist dies eine besondere Hilfe, doch sind sie damit nicht zu Herrschern über das Deuten erhoben.

Die dialogische Betrachtungs- und Herangehensweise lässt uns festhalten, dass aus systemischer Perspektive der Traum weder als Objekt noch als Subjekt gesehen wird. Von »dem Traum« zu sprechen stellt vorwiegend eine alltägliche sprachliche Verkürzung dar. Für uns ist der Traum ein Ausdruck der menschlichen Sprachlichkeit, der Wahrnehmungs- und Symbolisierungsfähigkeit, die sich zwischen verschiedenen Verarbeitungsweisen der Wirklichkeit – der träumenden und der wachenden Verarbeitungsweise – zu bewegen vermag.

Deshalb werden wir im Folgenden eher vom Traumgeschehen als vom Traum sprechen. Wir werden differenzieren zwischen dem Traumgeschehen, der Trauminszenierung, dem Traumerleben als Resonanz auf das Traumgeschehen und der Traumerzählung, über die wir die anderen Ebenen erfahren (Schmid u. Boback, 2004).

Das Traumgeschehen selbst ist eingebettet in die Auseinandersetzung des Träumers mit seinen Wirklichkeiten. Insofern ist es selbst schon ein Ausdruck von etwas Dialogischem. Hinzu kommt manchmal auch seine Anregung zur Auseinandersetzung in dialogischen Situationen. Dementsprechend vielschichtig und offen sind die Bezüge eines Traums.

Geträumte Bilder und Geschehnisse sollen durch den Dialog mit einem Traum besser verstanden und darüber hinaus deren Beziehung zur »wachen« Wirklichkeit beleuchtet werden. Das Traumerleben kann Kräfte freisetzen, den Träumer bewegen, den Dialog mit sich und anderen zu suchen.

Ein solcher Dialog setzt den Träumer in eine offene Beziehung zu Träumen. Damit stilisieren wir das nächtliche Geschehen nicht zur Hauptbühne neuer oder sinnvoller Wirklichkeiten. Ebenso wenig halten wir das Träumen für das einzige kreative Moment, das menschlicher Wirklichkeit sinnstiftende Impulse zu geben vermag. Wir sehen vielmehr im vielschichtigen Dialog mit Träumen eine Übung, mit unterschiedlichen erzählerischen und mythischen Ausdrucksformen umzugehen. Träume stehen beispielhaft für spiegelnde, kreative und Wirklichkeit verändernde Momente, wie sie in vielen Lebensäußerungen zu finden sind. Mit Träumen Dialog halten zu lernen übt in Sinnverstehen und in Sinnstiftung allgemein. Der Dialog mit einem Traum kann dann eine neue und sinnvolle Wirklichkeit begründen, wenn er offen und schöpferisch ist, wenn er Handlungsimpulse oder Suchbewegungen erzeugt.

Statt also von einem engen Konzept der Deutung als Bestimmung eines schon vorhandenen Inhalts auszugehen, betrachten wir das Deuten selbst als Handlung und Ausdruck einer Kulturleistung: als die menschliche Fähigkeit, persönlich und kulturell sinnstiftende Bedeutsamkeit entstehen zu lassen. Traditionellerweise stehen die römischen Auguren für ein solches Verständnis des Deutens. Sie sollten in den zufälligen Bewegungen der Vögel am Himmel Zukünftiges erkennen und durften daraufhin entsprechende politische Prozesse initiieren. Die Autorität der Auguren rührte daher, aus zufälligen Zeichen und ihrem ebenso zufälligen Zusammentreffen mit realen Ereignissen »Notwendigkeiten« zu erarbeiten: Gewohntes zu überprüfen, um neue Gewohnheiten zu entwickeln (Günter, 2003, S. 18–21). Systemisch gesprochen besteht das »Deuten« dann darin, mit Hilfe der »Zufälligkeit« eines Traums die Wirklichkeitserzeugung des Träumers zu studieren, auch um mit ihm neue, sinnstiftende Varianten zu entwickeln. Das Deuten-Wollen führt in diesem Fall nicht unbedingt dazu, den Traum zu verstehen, sondern dazu, anlässlich des Traums den Umgang mit Wirklichkeit zu erhellen.

Ist ein Traum sinnstiftend? Sein Sinn wird nicht unbedingt aus dem Geschehen herausgelesen, sondern wird den Geschehnissen in und um den Traum verliehen. Dies gilt natürlich nicht nur für das Träumen, sondern auch für andere Wirklichkeiten. Der schöpferische Umgang mit Träumern übt in diesem Wirklichkeitszugang. Im Bedeutung-entstehen-Lassen – aktiv und passiv! – bewährt sich die systemische Kunst eines

Traum*dialogs*, darin liegt die Autorität dieses Dialoggeschehens. Die verbreitete Erwartung, dass die Bedeutung oder der Sinn im Traum liegt und herausgearbeitet werden muss, wird also infrage gestellt. Gerade auch Unerfahrenen wird die Möglichkeit eröffnet, unbefangen mit Bedeutungsfremdem oder scheinbar Bedeutungslosem umzugehen.

Viele Menschen interessieren sich für die Schwellen, die über das Alltägliche hinausführen. »Es gibt mehr Dinge zwischen Himmel und Erde, als unsere Schulweisheit sich träumen lässt«, lautet ein berühmtes Diktum von William Shakespeare. Davon sind die meisten Menschen überzeugt. Sie machen sich Bilder von den anderen Welten, von dem, was hinter den Schwellen der Schulweisheiten zu finden sein könnte. Ob sich *hinter* diesen Schwellen etwas offenbart, ist ungewiss. Aber *auf* diesen Schwellen entsteht Sinn, entsteht etwas, was Menschen über die profane Lebensbewältigung, über die bekannten Erklärungen erhebt.

Der Dialog mit Träumen ist ein Weg, sich solchen Schwellen zu nähern, sie zu betreten, sich auf ihnen zu orientieren. Da viele Menschen den Sinn hinter diesen Schwellen suchen, wollen sie diese überschreiten. »Aber es existiert schlechterdings nicht die bessere Welt, gleichsam als Belohnung für die Überschreitung der Schwelle« (Schmidt, 2011). Sie landen dann doch nur allzu leicht bei der Verklärung, der Schwester der Banalität (vgl. Bermann, 1985). Erkundungen der Schwellen führen auch nicht zu »transzendenten« Wahrheiten, sondern dazu, sich von Sinn ergreifen zu lassen. »Es gibt nichts Wunderbares zu finden, doch man kann sich finden im Wundern.«[1]

Vor allem wollen wir eine Haltung stark machen: mit Träumen in Form eines kollegialen Dialogs und mit aufklärerischem Impetus umgehen und dadurch dem Banalen etwas entgegensetzen, ohne durch Verklärungen auf der anderen Seite vom Pferd zu fallen. Traumerzähler und Dialogpartner können eine Explorationsgemeinschaft zum Erkunden von Schwellen bilden. Wir wollen Laien und Fachleute ermutigen, im Dialog mit Träumen freimütig zu experimentieren und zugleich eine verantwortliche Haltung einzunehmen.

Mit eigenen Reaktionen, Ideen, Wissensvorräten, methodischen Möglichkeiten sollte man dabei unbefangen, aber bescheiden umgehen.

---

1 Reaktion auf den Buchtitel »Auf der Suche nach dem Wunderbaren« (1966) von Peter Ouspensky (Schmid, 1998, S. 52).

Diese sind Angebote, die dem Träumer ebenso wie den Gesprächspartnern zum eigenen freien Nutzen, nämlich zum sinnstiftenden Weiterspinnen überlassen werden. Statt bekanntes Wissen über Traumbilder zu tradieren, schreiben wir also ein etwas anderes Traumbuch.

Zum Buch

Es geht uns darum, die besondere Art und Weise des systemischen Arbeitens mit Träumen vorzustellen, eine lernende Konversation mit Träumern anlässlich von Träumen. Als freimütig zu verwendende Zutaten beziehen wir uns hierbei auch auf Erkenntnisse der Freud'schen, Adler'schen und Jung'schen Psychoanalyse und Traumtheorien, zudem der postmodernen Rekonstruktionen der Psychoanalyse, vor allem aber auf die Erfahrungen mit den methodischen Interventionsmöglichkeiten, wie sie die systemische Therapie und Beratung in den letzten Jahrzehnten herausgebildet hat. Dabei stellt sich heraus, dass wir die Jung'sche und Freud'sche »Traumdeutung« nicht als Psychologie, sondern vornehmlich als Metaperspektive heranziehen. Wir greifen nicht vorrangig die Ergebnisse zu Trauminhalten auf, sondern die Verfahren, die die beiden Psychologen die Deutungen der von ihnen bearbeiteten Träume und ihrer Elemente formulieren ließen. Sowohl in der Freud'schen als auch in der Jung'schen Psychologie gibt es Bestrebungen, Träume weniger zu deuten, sondern aktiv und schöpferisch mit anderen Wirklichkeiten in Dialog zu bringen und so fokussierte Selbsterfahrung anzuregen.[2]

Wir betonen also das Arbeiten mit einem Traum als einen sprachlichen Prozess, als eine dialogische Tätigkeit. Damit markieren wir zugleich, dass nicht die Deutung eines Traumgehalts, sondern die Kultur des Umgangs mit einem Traum zum Zentrum der Suche nach seiner Bedeutsamkeit wird.

Unsere Ausführungen illustrieren wir mit Beispielen und zu den Interventionen gibt es Merksätze und Zusammenfassungen, die die Grundstruktur verdeutlichen oder systematisch passende Fragestel-

---

2   Jung berichtet deutlich, wie er Archetypten erarbeitet und einsetzt. Ebenso dokumentiert Verena Kast, wie sie Elemente von Märchen individuell in Beratungen aufgreift.

lungen enthalten. Außerdem haben wir exemplarisch Übungsangebote für unterschiedliche Situationen aufgenommen und zum Schluss die Bedeutung von Träumen und die Wirkung von Traumdialogen in einem Coachingprozess dokumentiert.

Im zweiten Kapitel »Der schöpferische Dialog mit einem Traum« entfalten wir unser Verständnis davon, worum es sich beim systemisch verstandenen Dialog mit einem Traum handelt und wie er entsprechend gestaltet werden kann. Um die Entwicklung der Bedeutung von Träumen in einem vielschichtigen Dialog zu verdeutlichen, nutzen wir das inzwischen vielen Menschen bekannte Kommunikationsmodell Friedemann Schulz von Thuns (1998). Wir schließen daran an, um herauszuarbeiten, wie ein Träumer befragt und die Rolle des Gesprächspartners verstanden werden kann, wenn man einen Dialog als offenen Prozess versteht.

In diesem Zusammenhang werfen wir einen Blick auf »Traditionelle Rekonstruktionsweisen von Träumen«. Wir profilieren Perspektiven von Freud, Adler und Jung systemisch und stellen außerdem vor, wie man solche Traditionen heranzieht, ohne sich ihnen zu unterwerfen.

Im dritten Kapitel beschäftigen wir uns mit Traumdialogen als kollegialer Diskurskultur. Hier sollen Anfänger und Fortgeschrittene auf dialogische Haltungen im Umgang mit Träumen aufmerksam gemacht und erste Annäherungsschritte an Träume vorgestellt werden. Damit wollen wir zu einer nichthierarchischen, nämlich kollegialen Traumdiskurskultur einladen. Das Kapitel wird mit einer Übung dazu abgerundet, ein Beratungsangebot zu einem Traum zu entwickeln.

Im vierten Kapitel »Systemische Arbeitsfiguren« führen wir methodische Herangehensweisen und speziellere Arbeitsfiguren ein. Auch hier steht der systemisch organisierte Dialog mit einem Traumgeschehen im Zentrum.

Dies wird im fünften Kapitel »Vertiefende Arbeitsfiguren, Beispiele und Erläuterungen« fortgesetzt, wobei die Herangehensweisen komplexer und die Beispiele ausführlicher werden.

Das sechste Kapitel »Herr MIDLIFE in der Krise« dokumentiert einen Coachingprozess entlang der Träume, die dabei wichtig werden. Auch hier bieten wir Übungsschritte an.

Nachdem wir in einer Art Schlusswort nochmals abschließend unsere Sichtweise auf die Bedeutung des schöpferischen Dialogs mit einem Traum konturiert haben, bieten wir einen Leitfaden an, in dem Fragestellungen und Hinweise nochmals im Überblick zur Verfügung gestellt werden.

Die Erfahrungen und Überlegungen zum Umgang mit Träumen, die wir in diesem Buch vorstellen, basieren auf der jahrelangen systemischen Praxis und Theoriebildung von Bernd Schmid zu Seelenbildern und Träumen. Diese sind neben den systemischen Ansätzen, wie sie zum Beispiel durch Maturana und Varela oder durch Luhmann vertreten wurden, durch Sichtweisen von C. G. Jung und seinen Nachfolgern wie durch die Begegnung mit Milton Erickson geprägt. In eigene Entwicklungen fließen auch die Erkenntnisse aus Dialogen mit vielen inspirierten Kollegen und Kolleginnen ein.

Andrea Günter, Philosophin und Theologin, ist als »Master für Systemische Professionalität« mit dem Institut für Systemische Beratung Wiesloch verbunden. Sie hat sich, was Träume betrifft, vor der systemischen Herangehensweise vorzugsweise mit Freuds Traumdeutung als Methodologie dafür beschäftigt, aus befremdenden Darstellungen Sinnzusammenhänge herauszuschälen. Denn Freud rekonstruiert die Traumarbeit: auf welche Weise die menschliche Artikulation ungewöhnliche sinnstiftende Verbindungen zwischen Bildern, Worten und Lebensvollzügen zu erzeugen vermag.

Wir wollen den Gewinn des schöpferischen Dialogs mit Träumen für das offene und schöpferische menschliche Sprechen verdeutlichen und hierzu hilfreiche methodische Schritte vorstellen.

II. Der schöpferische Dialog mit einem Traum

Der systemische Blick auf Träume

Das Dialogische des Traums

Was man von einem Traum erfahren kann, hängt davon ab, was man in Träumen sucht, woraufhin man Träume befragt. Da Träume alle möglichen Momente – Erlebnisse, Eindrücke, Gefühlszustände, Konflikthaftes, Sprachliches – zu transportieren vermögen, können sie ein intuitives, »unbewusstes« Wissen über den Träumer, sein persönliches Umfeld, die Welt und seine Wirklichkeitsbezüge zum Ausdruck bringen.

Das Träumen kann somit als eine spezielle menschliche Möglichkeit verstanden werden, sich auszudrücken. Und da Träume deutlich mit Situationen verbunden sind, wäre ein Traumgeschehen das Sich-Ausdrücken einer Person aus einer bestimmten Situation heraus und in bestehende und zu gestaltende Verhältnisse hinein.

Ein Traumerleben kann einen Träumer dabei emotional und intellektuell derart bewegen, dass er spontan einen Dialog mit dem Traum zu führen beginnt. Nimmt man einen solchen Impuls wahr, dann beginnt der Dialog mit Erinnerungen an das Traumgeschehen. Träume nehmen oft erst wieder durch die Beschäftigung mit ihnen im Wacherleben eine deutlichere Gestalt an. Die Traumerinnerung wird lebendiger, reichert sich an, wird bedeutsamer. Man kann einen Traum in Variationen erneut durchleben oder vielschichtig und aus unterschiedlichen Perspektiven betrachten.

Für den dialogisch vielschichtigen Umgang mit einem Traumgeschehen können dabei im Prinzip alle Aspekte bedacht und bearbeitet werden, die die menschliche Kommunikation beeinflussen. Der Dialog zwischen Träumer und Traum lässt sich beispielhaft entlang der vier

Ebenen bestimmen, die Friedemann Schulz von Thun für die Kommunikation unterschieden hat:
1. die Sachebene – das Traumgeschehen,
2. die Beziehungsebene – zwischen Träumer und Dialogpartner, aber auch zwischen Träumer und Traum,
3. die Selbstkundgabe – das, was ein Traumgeschehen und Traumerleben über den Träumer verrät,
4. die Appellebene – zum Beispiel der Impuls, in den Dialog mit einem Traum einzutreten, um dialogisch Bedeutung entstehen zu lassen und Sichtweisen zu entwickeln.

Der Träumer und seine Gesprächspartner können sich im Dialog mit einem Traum also, wie häufig üblich, auf das *Traumgeschehen* (1.) konzentrieren, es rekonstruieren und erhellen. Nicht nur der Träumer, auch die Dialogpartner führen hierbei einen Dialog mit ihrem Verständnis des Traumgeschehens. Und da sie verschiedene Beziehungen und unterschiedliche Ideen zur Traumerzählung haben, werden sich Traumgehalte durch den Dialog breiter entwickeln, die Traumerzählungen weiterspinnen.

Die Dialogpartner können darüber hinaus berücksichtigen, welche *Beziehung* sie *miteinander* und *mit dem Traumgeschehen* (2.) eingehen oder anstreben.

Den Beziehungskontext des Traumdialogs berücksichtigen
▸ Welche Beziehung gehen der Träumer und seine Gesprächspartner ein? Stellen sie wechselseitig einfach ihre Resonanzen zur Verfügung oder sind sie erfahrene Traumdeuter?
▸ In welchen sonstigen Beziehungszusammenhängen wird mit dem Traum umgegangen? Zu welchen Zusammenhängen soll der Dialog mit einem Traum beitragen?

Darüber hinaus können die Dialogpartner dem nachgehen, was ein Traum über den Träumer kundtut, was in seinen Darstellungen über sein Seelenleben, sein inneres Verarbeiten, seine Art der Wirklichkeitserzeugung und Beziehungsgestaltung aufscheint (3.). Hierbei geht es zum Beispiel darum, ob der Träumer im Traum Ähnliches erlebt wie in seinem wachen Leben oder ob ein Unterschied zwischen dem Erlebbaren im Traumgeschehen und dem sonstigen Tagesleben bemerkt wird.

Im Dialog mit einem Traum können unterschiedliche Umgangsweisen des Träumers mit Wirklichkeit zum Ausdruck kommen. Das wache Verarbeiten und das Verarbeiten im Traumgeschehen sind oft auffällig verschieden. Ein Traum kann beispielsweise als Kommentar zum wachen Umgang mit Wirklichkeit begriffen werden. Diese Unterschiede können bearbeitet werden.

Insofern die Betroffenheit durch Träume die Menschen dazu bewegt, sich mit ihnen auseinanderzusetzen, kann ein *Appellcharakter* angenommen werden (4.). Das bewegende Moment des Traumerlebens kann den Träumer dazu veranlassen, einen Dialog mit dem Traum zu beginnen, um dessen Bedeutung zu entfalten. Der Dialog mit einem Traum soll etwas bewirken: Bedeutung erzeugen, Beruhigung bieten, Neues entstehen lassen, dem Mitteilungsbedürfnis Raum geben. Wenn ungewohnte Seiten des Lebens eines Träumers zur Sprache gebracht werden, kann eine Beziehung zu diesen neuen Seiten gewonnen werden, sie können zu neuen Impulsen in seinem Leben führen. Sagen-Wollen nennen postmoderne Philosophen diese Kraft. Und sie untersuchen, wie aus dem Sagen-Wollen ein Sagen-Können wird (Derrida, 1985; Günter, 2008, S. 77–98).

Der Dialog mit einem Traum transportiert also die Aufforderung zur Bedeutungsentfaltung, zum Weitersprechen. Weiteres sprechen, Weiteres entwickeln: Der Träumer und sein Gesprächspartner können dies als maßgebliche Perspektive für die Steuerung des Dialogs mit einem Traum nutzen. In diesem Fall regen die Kräfte des Traumerlebens die Entfaltung der Bedeutung eines Traums an.

Das schöpferische Moment im Dialog mit einem Traum ist wesentlich darauf gegründet, den Appell an Bedeutungsentwicklung zu transportieren. Dem Appellcharakter dessen, Bedeutung *entstehen zu lassen*, zu folgen, führt letztlich dazu, die Bedeutungsoffenheit des Traumgeschehens gerade nicht in Form einer Interpretation, sondern in Form eines Dialogs aufzugreifen und zu entwickeln. Dies vermag den Dialog mit dem Traum zu tragen. In Ausrichtung darauf kann die Auseinandersetzung mit dem Traumgeschehen, mit der Dialogbeziehung und mit der Selbstkundgabe gesteuert werden. Allerdings soll ein Traumdialog damit nicht unter das Diktat der Selbstentwicklung gestellt werden. Die Entwicklung der Traumbedeutung ist nicht mit einer (psychotherapeutisch aktivierten) Selbstentfaltung identisch. Sie gibt vielmehr dem Sagen-Wollen Raum, sucht sich ein passendes Sagen-Können, bewirkt einen Dialog. Passende Wirklichkeitsstile lassen sich im Dialogischen, im Sprechen und Darstellen auffinden und gestalten.

Manche Träume etwa können als Retrospektive beim Erreichen einer neuen Entwicklungsstufe betrachtet werden. Dabei können alte Gefühle freigesetzt werden. Sie bedürfen keiner »Bearbeitung«. Oder ein Traum reflektiert einen Zustand, oft auch Stillstand, ohne dass im Moment die richtige Zeit für Bewegung sein muss. Solche Träume können dann vergemeinschaftet und gewürdigt werden. Manches Mal geht es vielleicht nur um die Aufmerksamkeit für den Traum und um die Anteilnahme am Traumerleben.

Ein Traumgeschehen entlang solch unterschiedlicher Betrachtungsmöglichkeiten wie den vier Kommunikationsebenen aufzuschließen bringt es mit sich, verschiedene Fokussierungen zu sortieren, sich ferner über ihre Kombinationsmöglichkeiten und folglich über die Schwerpunkte klarzuwerden, die man im Dialog mit einem Traum setzen kann.

Rückt man die Selbstkundgabe des Träumers ins Zentrum, ist es systemisch angezeigt zu erkunden, wie der Träumer etwas tut, wie er sich ins Verhältnis setzt. Die Inszenierungen und dabei gezeigten Wirklichkeitsstile des Träumers werden beleuchtet und daraufhin befragbar, inwiefern sie hilfreich für ihn und seine Wirklichkeiten sind.

Das Arbeiten mit den Wirklichkeitsstilen wiederum ist weniger auf die Vergangenheit, auf das, was – im Traum oder in der Biographie des Träumers – geschehen war, konzentriert, sondern kann sich vom Appellcharakter des Dialogs leiten lassen: zu Sagendes und Bedenkendes auch im Hinblick auf die Wirklichkeitsstile des Träumers entstehen zu lassen. Hierbei kann es um Veränderung, vielleicht um eine Anreicherung des Verhaltensrepertoires für bestimmte Kontexte gehen.

Wohin ein Dialog führt, steht zu Beginn nicht fest. Das ist das offene Moment eines Dialogs. Impulse werden gesetzt, Angebote gemacht, mögliche Bedeutungen erprobt, Erweiterungen und Ergänzungen angeboten, Suchprozesse ausgelöst. Weitere Bedeutung und Wirkung müssen sich nicht sofort entwickeln. Wenn man den Dialog auf diese Weise offen hält, folgen Verstehen, Gewichten und Einordnen häufig nach. Traumdialoge bieten weniger Analysen als Reflexionen und assoziative Anreicherungen.

Auf diese Weise dient ein Dialog mit einem Traum dazu, einen wesentlichen Unterschied zu erzeugen. Und hierfür kann all das, was vorhandene Unterschiede beleuchtet, unnötige löscht, neue erzeugt und Differenzen markiert und mit anderen kombiniert, aufgenommen und genutzt werden.

Ein Traumgeschehen schöpferisch entfalten

Traumgeschehen scheinen auf besondere Weise zu sprechen. Bei Träumen ist der Zugang zum Verstehen oftmals verstellt. Ein Traumgeschehen kann wegen seiner unklaren Bedeutung neugierig machen. Der auf den ersten Blick rätselhafte Ausdruck beginnt den Träumer zu interessieren. Aber zu einem Traum kann auch erlebt werden, dass er bloß Bekanntes zu wiederholen scheint, weshalb er vielleicht schnell wieder weggepackt wird. Bei näherer Betrachtung stellt sich in solchen Fällen jedoch erfahrungsgemäß heraus, dass er dennoch durchaus entdeckenswerte Aspekte zur Sprache bringen kann.

Es lohnt sich also in vielen Fällen, Träumen nachzugehen. Weckt ein Traumgeschehen das Interesse des Träumers, kann dieser seinen Traum verstehen wollen und initiiert selbst einen Dialog. Zugleich können auch Berater ihre Klienten einladen, von ihren Träumen zu erzählen. Gerade weil die Bedeutsamkeit eines Traums auf den ersten Blick nicht plausibel scheint, ist der Anstoß von außen hilfreich, sich mit seinen Träumen und denen anderer zu beschäftigen. Eine beeindruckende Traumserie eines Mannes eröffnete sich durch eine solche Aufforderung (Schmid, 2004a, S. 150 ff.). Es handelte sich um eine ca. 50-jährige Führungskraft im oberen Management. Im Rahmen eines Seminars zur Persönlichkeitsentwicklung erwähnte er in der Morgenrunde beiläufig einen ersten Traum, tat ihn aber als unbedeutend ab und wollte ihn zunächst nicht erzählen. Nach aktiver Nachfrage konturiert er das folgende Traumerlebnis:

Im Bild links eine große Tunnelröhre. Ich höre das Zerbrechen einer Scheibe. Eine Stimme sagt: »Das war sicher der Kleine!«

Die ausführliche Würdigung dieses Traums und des Träumers öffnete eine sprudelnde Quelle.

Das Traumgeschehen basiert oft auf einer eigenartigen Sprachlichkeit. Die Bilder in einem Traum bringen eine Wirklichkeit anders zur Sprache, als sie bei bewusstem Sprachgebrauch ausgedrückt werden würde. Sie bilden Zusammenhänge anders aus, als wir sie wahrzunehmen gewohnt sind, und verfügen damit über eine besondere schöpferische Kraft. Sie stellen Situationen, Personen und Gegenstände in einen ungewohnten, nämlich verfremdenden Zusammenhang.

Dieses Moment der Verfremdung prägt viele Trauminszenierungen (Schmid u. Portele, 1976, S. 454–464). Traum und Träumer, beide scheinen zwei verschiedene Sprachen zu sprechen. Wir nennen diese beiden Sprechweisen das tagwirklichkeits- und gewohnheitsorientierte Sprechen des Sprach-Ichs und das Sprechen der sprach- und bildschöpfenden Instanz des Traumgeschehens. Während das Sprach-Ich den jeweiligen Sprachgewohnheiten mit Bildern und Zusammenhängen im Rahmen der gewohnten alltäglichen Verwendung folgt, verstößt die sprach- und bildschöpfende Instanz des Traumgeschehens oft und offensichtlich gegen den bekannten Gebrauch von Bildern und Zusammenhängen, verwendet sie auf eine ungewohnte Art und Weise.

Ich (Bernd Schmid) erinnere einen eigenen Traum von vor vielen Jahren. Ich löste mich gerade von übermäßiger Technikorientierung im Training.

Da ist im Garten hinter meinem Elternhaus wieder dieser Bunker. Dort liegt eine bewusstlose junge Frau wie in Frankensteins Labor, voll verdrahtet durch Apparate gesteuert. Schrilles Piepen! Ich bin auch da und mache mich voller Angst mit den Worten »I fear I skill!« an der Apparatur zu schaffen. Das System reagiert chaotisch, nicht mehr beherrschbar! In meiner Angst reiße ich mit bloßen Händen alles Technische weg. Nach einem endlos erscheinenden Moment holt sie tief Luft. Ihren warmen Atem spüre ich noch heute an meiner Wange.

Es dauerte Tage, bis ich mich über den seltsamen Satz zu wundern begann: I fear I skill! Gefühlt war ich davon ausgegangen, dass es heißt: I fear I die! Doch auch: I kill! Und dann noch: Skill! (Schmid, 2009).

Allein die Begegnung der Sprechweisen birgt erhebliche Gewinnchancen im Dialog mit Träumen. Will man sich einfach nur der Traumsprache ausliefern, es beim Traumerleben und eigenen spontanen Resonanzen belassen oder umgekehrt von der Traumsprache nur in Gewohnheitssprache Übersetzbares übriglassen, verfehlt man leicht diesen Gewinn. Suchen die Beteiligten die aufmerksame und kritische Begegnung dieser beiden Sprachwelten, kann dies zu Läuterungen und zum besseren Zusammenspiel beider Sprachen für beide Seiten führen. Durch den Dialog mit Träumen, aber auch mit anderen narrativen Verfahren wie geleiteten Phantasien oder Storytelling haben schon viele eine entscheidende Anreicherung ihrer professionellen Sprache um poetische und bildhafte Dimensionen erfahren (Schmid, 2011).

Gesprächspartner im Traumdialog sein

Dem Träumer andere, sein Erleben, seine Deutungsgewohnheiten befragende Perspektiven anbieten: Mit dieser Herangehensweise ist ein Wesenszug der Rolle der Gesprächspartner im Dialog mit einem Traum markiert. Wir sehen den besonderen Charakter des Dialogs mit einem Traum darin, dass wenigstens drei Stimmen sprechen: das Sprach-Ich des Träumers, die Instanz des Traumgeschehens und der Dialogpartner. Dabei kann der Dialogpartner dazu verhelfen, die Perspektiven des Träumers zu spiegeln, er kann durch weitere verschiedenartige Sichtweisen den Traum anreichern, das Traumerleben somit erweitern.

Damit ist es weniger die Aufgabe des Dialogpartners, die Ursachen zu klären, die zu einem Traum geführt haben. Vielmehr kann er dazu beitragen, Impulse im Zusammenhang mit dem Traum zu verfolgen. Er kann Gewohnheiten, Dinge zu verarbeiten, herausarbeiten und Alternativen anregen, indem er seine Impulse und Intuitionen daneben stellt. Oder er kann Arbeitsfiguren nutzen, die befördern, dass der Träumer seine Wahrnehmungs-, Erzähl- und Handlungsgewohnheiten bewusster wahrnimmt und reflektiert.

Wir plädieren also dafür, Unterschiede zwischen den Sichtweisen von Träumer und Gesprächspartnern zu nutzen. Andere Sichtweisen zu aktivieren verhindert, Gewohntes zu wiederholen, mehr vom Selben zu reproduzieren. Der Unterschied der Sichtweisen markiert dagegen das, was erarbeitet werden könnte, was möglicherweise sogar fehlt und durch Deutungs- und Darstellungsgewohnheiten stabilisiert und unsichtbar gemacht wird.

Die unterschiedlichen Zugänge der Dialogpartner bei der Bedeutungsentwicklung zu aktivieren kann damit beginnen, dass der Dialogpartner den Träumer zu der genaueren Erzählung des Traumbildes hinleitet. Oft tun sich dabei von selbst beredsame Unterschiede zur ersten Erzählung und zu der durch diese hindurchscheinenden Eigendeutung auf. Oder ein Gesprächspartner kann dem Träumer eine Alternative zu dessen Erzählung anbieten, eine, die womöglich ein Korrektur- oder Ergänzungsbedürfnis spiegelt. Dies kann eine Kontrastbildung, ja eine Polarisierung innerhalb einer vertrauten Wirklichkeitslogik sein. Oder die Alternative kann zu einer Antithese führen, einer heilsamen Weiterentwicklung von Wirklichkeitslogik. Wie würde der Traum sich nunmehr erzählen lassen?

Manchmal gelingt es kaum, ein nachvollziehbares oder nachempfindbares Bild vom Traumgeschehen aufgrund der Traumerzählung zu erhalten. Im Dialog schafft dies eine spezifische Beziehungswirklichkeit. Wichtig ist, dass der Dialogpartner nicht versucht, Unverständliches zu kompensieren, sondern sich frei fühlt, diesen Prozess und die Auswirkung auf die Wirklichkeit der Dialogsituation aus seiner Sicht zu spiegeln.

Allerdings braucht es auch ein Gespür dafür, ob dieser Fokus wichtig ist oder ob eher mehr Toleranz für nicht ganz Bestimmbares angebracht wäre. Wird dies offen besprochen, dann kann ein Traumdialog auch für einen Partner mit »analytischer Schlagseite« oder einen mit »Hang zu schwärmerischer Unbestimmtheit« zur Selbsterfahrung werden. Ein in Metaperspektiven geübter Dialogpartner oder Dialogmoderator, ein offener Stil und mehrere Sichtweisen verhindern darüber hinaus, dass der Träumer unter das Diktat eines konkurrierenden Wirklichkeitsstils gerät.

> **Unverständliches**
> ▸ Ist Unverständliches einer Dynamik in der Situation zuzuordnen?
> ▸ Spiegelt es Wirklichkeitserzeugungsmuster des Träumers?
> ▸ Wenn Unterschiede deutlich werden, wovon erzählen diese?
> ▸ Ist dies nur bei Träumen, bei dieser Art von Träumen, bei diesem Traum so? Oder ist dies auch ein Spiegel für andere Situationen? Für welche?

Den Träumer beobachten, das Träumen beobachten

Ein Träumer will sich mit dem auseinandersetzen, was er geträumt hat. Hierfür gibt es allerdings sehr unterschiedliche Möglichkeiten. Deshalb bietet es sich an, danach zu fragen, wie ein Träumer mit seinem Traumerleben umgeht. Bei den persönlichen Umgangsweisen mit Träumen anzusetzen führt dazu, sich kybernetisch in der 2. Ordnung aufzustellen. Träumer werden als Beobachter ihrer Erfahrungen und ihrer Umgangsweisen mit Träumen aktiviert.

Zum Beispiel kann ein Träumer danach gefragt welchen, welche Implikationen und Konsequenzen der Traum seines Erachtens nahelegt. Man lernt kennen, welche inneren Zusammenhänge sich einstellen. Durch Implikationen und Konsequenzen, die wiederum durch die Dialogpartner ergänzt werden können, werden die Darstellungsweisen des Träumers befragbar, können erweitert oder verändert werden.

> **Die Beziehung zwischen Träumer und Traum beobachten**
> ▸ Wie geht ein Träumer mit seinem Traumerleben um? Wie erzählt er es?
> ▸ Wie geht er grundsätzlich mit seinem Träumen um? Wie geht es ihm mit diesem speziellen Traumerleben?
> ▸ Welche Erfahrung hat er mit dem Erinnern von Träumen, mit deren Wirkungen? Wiederholt sich da etwas? In welchen Situationen kommt es wieder? In welchen eher nicht? Welche Variationen sind zu beobachten? Erzählen die Variationen von Ent-

wicklungen? Werden diese registriert, in die Selbsterzählungen aufgenommen?
▸ Was ist darüber hinaus die Beziehung des Träumers zu dem, was der Traum darstellt? Wie steht er zu den Inhalten, zur erzählten Geschichte, zu den darin zum Ausdruck kommenden Figuren, Symbolen, Dynamiken und zur Art der Inszenierung? Wie sehr ist der Traum ihm fremd? Löst er Neugierde, Ergriffenheit, Angst, Distanzierung aus? Inwiefern identifiziert er sich mit dem Traum? Was kann er dadurch über seinen sonstigen Umgang mit den Dingen, dem Leben und der Welt herausfinden?
▸ Wer ist er im Traum? Wer als Träumer dieses Traums? Und da er seinem Traum nachgehen will: Inwiefern kann er, will er seinem Traum oder sich als Träumer begegnen?

Begegnung von Wirklichkeitsstilen

Der Dialog mit einem Traum lädt also durch dessen besondere Inszenierungsweise dazu ein, Wirklichkeitssphären, Wirklichkeitserzeugungen und ihre Spielregeln zu unterscheiden und dennoch aufeinander zu beziehen. Solche Differenzierungen sind reizvoll. Ihnen nachzugehen übt in bereichernder Kulturbegegnung, ohne einem »Wirklichkeitsimperialismus« verfallen zu müssen.

Träume stellen oftmals surreale Inszenierungen dar, auch Tagträume und Phantasien. Wie in einer Collage werden Dinge zusammengefügt, die real nicht in eine Welt passen. Nicht die Herkunft der Gestaltungselemente muss zum entscheidenden Faktor der Bedeutungsgewinnung werden, sondern die Art und Weise, wie sie zusammengefügt sind, frei über Zeit und Raum hinweg. Bei Tag betrachtet, schüttelt der Realist im Träumer dann verwundert den Kopf. Doch es ist *sein* Traum, alles darin ist auch er, ist sein Erzeugnis. Menschliche Wirklichkeitsverarbeitungsweisen haben auch surrealistische Züge, sind in Komposition und künstlerischem Ausdruck erstaunlich.

Würde ein Traumgeschehen einfach nur in die Inszenierungslogik von Alltag zurückübersetzt, würde es schnell auf bekanntes Wissen und vertraute Vorstellungen reduziert. Den Unterschied zwischen den Wirklichkeitsstilen der Trauminszenierung und der Tagwirklichkeiten in verschiedenen Kontexten hingegen als Gewinn zu verstehen, legt es nahe, ihn nutzen zu wollen. Statt der Suche nach einem der Alltagslogik entsprechenden Trauminhalt rückt in den Vordergrund, den Unterschied von Traumwirklichkeit und Alltagswirklichkeit aufzugreifen und zu entwickeln.

Die Wirklichkeitsstile befragen
- Inwiefern unterscheiden sich die Stilelemente der Trauminszenierung von denen, die der Träumer gewöhnlich zu praktizieren pflegt?
- Wenn man die beiden vergleicht, welche hilfreichen Anregungen für den Wirklichkeitsstil des Träumers lassen sich finden?
- Gibt es eine Entwicklungsaufgabe für den Träumer, die ein solcher Vergleich vorzuschlagen erlaubt?

Um den Dialog mit dem Traumgeschehen zu gestalten und aus einer Metaperspektive Sprachen und Inszenierungsstile zu betrachten, bieten sich zahlreiche Arbeitsfiguren an, etwa die der »Kamera« oder des »Regisseurs«. Solche werden wir im IV. Kapitel vorstellen.

Wirklichkeitsbezüge des Traums
Die Wirklichkeitsbezüge eines Traums werden geschaffen durch
- den Anlass für einen Traum,
- die Wirkungen des Traums auf den Träumer,
- die Erzählung des Träumers,
- das Erzählen- und Deuten-Wollen: die Kultur des Traumdeutens,
- die (beraterische) Beziehung zwischen Träumer und Dialogpartner,
- die (beraterischen) Interventionen des Dialogpartners,
- die Bedeutung des Traums, die durch den Dialog erzeugt wird,
- die Möglichkeiten, sich zu entwickeln, die dialogisch eröffnet werden.

Aktives Gestalten mit Trauminszenierungen

Selbstverständliches ebenso wie Unauffälliges, das durchaus besonderen Sinn bergen kann, können der Erinnerung an das Traumgeschehen oder seiner Befragung entgehen. Entdeckenswertes kann durch unproduktive Wahrnehmungsgewohnheiten verschleiert werden. Originelle Befragungen des Traumgeschehens erlauben, solche Verstellungen zu durchschreiten. Verengte Wahrnehmungsgewohnheiten zu erkennen und zu durchqueren regt an, das Geschehen neu zu beleben.

Manchmal ist es hilfreich, ungewohnte, unerwartete, surreale Elemente aktiv in den Traumdialog einzuführen. Dies bietet sich zum Beispiel im Umgang mit solchen Träumen an, die einfach nur Bekanntes wiederzugeben scheinen. Manchmal scheinen Traumerzählungen auf Bekanntes oder Konventionelles reduziert zu sein. Sie können aufgelockert werden, indem man kontrastbildende Betrachtungen anbietet, also gezielt eine Differenz einfügt. Hier können sich die Verhältnisse geradezu verkehren.

Zum Beispiel könnte eine 38-jährige Managerin, die die Familienfrage ausblendet, träumen: *Mein Partner und ich fahren mit meinem Zweisitzer-Cabrio zur Arbeit wie immer. Ein schöner Tag.* Als Metakommentar zum Traum könnte sie formulieren: *Mehr ist nicht zu berichten!* Dabei schaut sie etwas trostlos drein. Nun könnte man zum Experimentieren einladen. Sie soll sich vorstellen, sie fahre stattdessen mit einem familiengeeigneten Auto. Statt ihrer säße der Mann am Steuer. Was, wenn außerdem die Schwägerin (die sie »Heimchen am Herd« nennt) mit ihren Kleinen im Auto wäre? Welche anderen Reaktionen, welche Gesprächsdynamik löst das aus? Worauf könnte sich der Satz: *Mehr ist nicht zu berichten!* noch beziehen?

So lässt sich eine Traumerzählung im Tagbewusstsein mit kreativen, ja manchmal surrealen Elementen anreichern. Der Dialogpartner kann beispielsweise andersartige, die Deutungsgewohnheit des Träumers verfremdende Perspektiven vorschlagen. Er kann Ideen, die in ganz andere Richtungen führen, probeweise danebenlegen.

So kann ein Dialogpartner einem Träumer, in dessen Traum die Traumfigur im Zug nach Mailand sitzt, anbieten, diese schon in Basel aussteigen zu lassen, und ihn bitten weiterzuerzählen, was dann passiert, wie die Traumfigur sich dann verhält, was sie dann anders empfinden und machen würde. Des Weiteren könnte angeregt werden, die Umgebungen und Wetterverhältnisse frei zu wählen und zu entwickeln, was dann geschieht. Indem eine Traumerzählung derart provoziert wird, kann sie sich verändern.

Beim Experimentieren mit Träumen kann man die Erfahrung machen, dass plötzlich interessante Momente des Traumgeschehens wiedererinnert werden, Momente, die zuvor vielleicht aufgrund gewohnter Sichtweisen weggeblendet wurden. Oder es tauchen in der Folge andere Erinnerungen oder anders gestaltete aktuelle Träume auf. Jedoch sind solche »kreativen« Vorgehensweisen mit Aufmerksamkeit und sparsam zu nutzen, weil sie leicht in Spielerei ausarten. Sobald sich neue Elemente zeigen, sollte man sich eher wieder vom Träumer führen lassen und ihn sorgfältig befragen. Indem wir seine Beziehungen zur Wirklichkeit mitgestalten, erzeugen wir die Wirkungen eines Traums mit.

Horizontale und vertikale Transformationen
- *horizontale Transformation*: Innerhalb der Traumszenerie werden alternative Inszenierungen entworfen und durchgespielt.
- *vertikale Transformation*: Varianten in der Art der Inszenierung und im Zusammenspiel von Elementen anderer Lebensszenerien und der Traumszenerie werden durchgespielt.

Traditionelle Traumarbeit

Freud: Angst, Wunscherfüllung und Traumbedeutung

Nachdem nun die systemisch-wirklichkeitskonstruktiven Perspektiven der Traumarbeit betont wurden, wollen wir auch bewährte Sichtweisen klassischer Traumrekonstruktionen nicht außen vor lassen. Sie transportieren viel Erfahrung und sollten den Interessierten und Erfahrenen als Optionen zur Verfügung stehen. Traditionelle Deutungssysteme können im Rahmen des dialogischen Verfahrens Zutaten eines variantenreichen Kochrezeptes darstellen, die situationsspezifisch genutzt und eingebaut werden können. Man nimmt die Zutatenliste als Vorlage, variiert aber dann nach Belieben und situativer Notwendigkeit.

In diesem Sinne wollen wir Deutungsverfahren aus drei klassischen tiefenpsychologischen Schulen herausheben: der Freud'schen Psychoanalyse, der Adler'schen Individualpsychologie und der Analytischen Psychologie von C. G. Jung. Wir werden sie im Hinblick auf ihr systemisches Potential vorstellen, indem wir ihre Verfahrensweisen akzentuieren.

Freud ging davon aus, dass Neurosen und Angst viel mit uneingestandenen Strebungen, letztlich mit verdrängten Trieben zu tun haben. Die daraus begründete Lösungsidee heißt Bewusstwerden dieser Strebungen und Integration in das Selbstverständnis. Hierzu ein Beispiel. Ein öfter etwas »geduckt« wirkender ärztlicher Kollege berichtete noch mit Entsetzen folgenden Traum:

Ich schiebe den Chef meiner Klinik im Rollstuhl auf einem Damm. Plötzlich kommt von hinten ein wütender Stier mit gesenkten Hörnern. Ich kann mich gerade noch mit einem Satz zur Seite retten, doch er nimmt den Rollstuhl auf die Hörner und stürzt ihn mitsamt meinem Chef den Abhang hinunter. Ich reagiere mit Entsetzen, Mitleid und Angst.

Im Laufe des Traumdialogs wird deutlich, warum der Chef im Rollstuhl dargestellt war. Nach dem Erleben des Kollegen gab sich dieser hilflos und verwirrt, wann immer seine Autorität gebraucht wurde, und spannte stattdessen gerade seine männlichen Mitarbeiter rücksichtslos ein. Erst als Dialogpartner spiegelten, dass sie ärgerlich auf den Chef wurden, der sich mit gesunden Beinen im Rollstuhl schieben ließ, kam der Kollege zu der Erkenntnis, dass eine Seite von ihm Genugtuung über das Geschehen empfinden und er sogar mit dem Stier sympathisieren könnte. Vielleicht verkörpert er seine unterdrückte Wut und das Geschehen den Wunsch, dass ein solcher Chef aus dem Weg geräumt wird. Die Angst war weg, das Rückgrat spürbar fester und der Weg frei zu überlegen, wie er mit dieser Situation künftig anders umgehen könnte.

Wenn Freud also davon spricht, dass ein Traum für eine Wunscherfüllung steht, ist dies eine durchaus interessante Perspektive. Vielleicht hätte man sie als Deutungsrichtung nicht gebraucht, weil irgendwie die Nachfragen und Resonanzen der Dialogpartner sie ohnedies hervorgebracht hätte. Aber warum sollte man nicht eine solche Sichtweise probeweise auf einen Traum anwenden, um ein Gefühl dafür zu bekommen, ob sie plausibel werden und begrüßenswerte Wirkungen haben könnte? Doch muss deutlich bleiben, dass dies nicht *aus* dem Traum herausgearbeitet wurde, sondern diese Theorie einen sinnvollen *Bezug* zu einem Traum anbieten kann. Letztlich entscheiden der Träumer und die Folgen über Plausibilität und Nützlichkeit solcher Deutungsansätze.

Dafür nunmehr, dass es andere Möglichkeiten gibt, mit den ersten emotionalen Reaktionen auf Traumbilder umzugehen, als diese zu festigen, spricht der Hinweis der am Symbolischen orientierten Traumdeutung, dass der Inhalt eines Traumbildes etwas ganz anderes bedeuten kann als das, was es im Alltagsleben bedeutet. Hierüber wissen wir etwa, dass der Traum vom Tod einer Person nicht den realen Tod dieser Person besagen muss, sondern im Gegenteil als Zeichen für den Übergang in eine neue Lebensphase verstanden werden kann: Aus der Angst aufgrund der Alltagsbedeutung kann Hoffnung auf Veränderung aufgrund der spezifischen Bedeutung in einem Traum werden. Diesen Unterschied im Erleben zu berücksichtigen kann sich auf die emotionale Bedeutung eines Traums auswirken.

Die symbolische Dimension eines Bildes erweist sich nämlich Freud zufolge darin, dass das Bild offen ist für Bedeutungsanreicherung, -differenzierung und -verschiebung. In dieser Offenheit entwickelt sich das Wollen. Aus »Tod« wird »Hoffnung«.

Die Sprechweise der sprach- und bildschöpfenden Instanz des Traumgeschehens setzt Bilder in anderer Bedeutung ein, als es die Bedeutung des Sprach-Ichs gewohnt ist. Während der Träumer sich nach einem Angsttraum entweder undifferenziert vor dem Tod fürchtet oder den Traum wegschiebt, kann er die Bedeutung zunächst offen lassen, sich ihr neugierig zuwenden, wenn er berücksichtigt, dass er den Einsatz der Bedeutung noch nicht kennt. Damit verändert sich die Qualität des Traumerlebens. Die Angst wird wenigstens ergänzt. Wie der Einsatz der Arbeitsfigur »Theatermetapher« es ermöglicht (Kapitel VI), kann sie im weiteren Gespräch durch eigene Regie sogar verwandelt werden.

Gerade eine systemisch-lösungsorientierte Haltung gegenüber Traumerlebnissen lädt ein, danach zu fragen, ob es gelingt, andere Wirkungen zu erzeugen als etwa die, nach einem Angsttraum die Erfahrung der Angst oder die damit einhergehenden Wirklichkeitsbilder zu festigen. »Wo die Angst ist, geht es lang!« – dieser populär gewordene Slogan steht für Ansätze, die durch Begegnung mit Angst deren Ursachen aufzuklären und die damit verbundenen Erlebnisse freizusetzen versuchen. Doch kann dadurch auch die Bedeutung von Erlebnissen, die zur Angst geführt haben, zementiert werden. Deshalb spricht man in der Traumatherapie von der Gefahr der Retraumatisierung durch therapeutische Belebung von problematischen Erzählungen.

Um dies zu vermeiden, lassen sich differenzierende Strategien entwickeln. Statt der Angst können Momente erforscht werden, die Distanz ermöglichen, die die Intensität des Gefühls mindern oder andere Emotionen aktivieren.

Evoziert ein Traumbild Angst, so eröffnet gerade die Appellebene des Dialogs eine andere emotionale Qualität: den Wunsch nach Klärung und Veränderung. Eine Angst ins Zentrum zu stellen oder aber sie zu dezentrieren bilden zwei verschiedene Wirklichkeiten eines Dialogs mit der Angst und einem Angst auslösenden Traumerlebnis.

Die spezifische Dialogwirklichkeit des Arbeitens mit dem Traumerlebnis wirkt sich auf ein Traumerleben aus, zum Beispiel darauf, ob die erste gefühlsmäßige Reaktion auf ein Traumgeschehen die ausschlaggebende darstellt oder ob andere, vielleicht hilfreichere Erlebensqualitäten entlang des Wollens, das den Dialog initiiert, erschlossen werden können. Deshalb sollten gerade in Bildung, Beratung und Alltag Optionen generiert werden, die belastende erste emotionale Reaktionen auflockern oder verwandeln.

Wenn Freud also davon spricht, dass ein Traum für eine Wunscherfüllung steht, so stimmen wir ihm durchaus zu, setzen aber einen etwas anderen Akzent. Denn wir leiten den Wunsch nicht aus dem Traumbild ab, sondern finden ihn in der Verknüpfung von der Motivation, die Bedeutung eines Traumgeschehens entstehen zu lassen, mit dem Appell des Dialogischen, zur Entwicklung neuer Sichtweisen beizutragen.

Adler: Selbstwert, Vermeidungen und Ambitionen

Adler ging davon aus, dass Menschen Beeinträchtigungen ihres Selbstwertgefühls dadurch erleiden, dass sie tatsächliche oder vermeintliche Herausforderungen nicht bewältigen. Daher vermeiden sie künftig ähnliche Herausforderungen, um diesen »Minderwertigkeitskomplex« nicht zu strapazieren. Allerdings kann dies dazu führen, dass sie an den Folgen der Vermeidung zu leiden haben, weil sie sich in ihrem Lebensstil auf die Folge- oder Ersatzprobleme einstellen, die dadurch entstehen, dass sie sich der Herausforderung entziehen.

Eine Projektmanagerin beispielsweise, die häufig nach einer forschen Anfangsphase den Überblick über die von ihr übernommenen Projekte verliert, leidet chronisch darunter, dass diese meist »mit beschämender Begleitmusik ad acta gelegt werden« und sie sich nicht angemessen rechtfertigen kann. Sie träumt:

Wir bereiten Reitpferde für eine Leistungsschau vor. Ich soll meine Stute reiten. Bevor ich mit meinen Vorbereitungen soweit bin, werde ich im Lautsprecher ausgerufen. Ich muss also los. Mitten in der Vorführung löst sich mein Sattel. Ich sehe in Großaufnahme, dass mein Sattelgurt verschlissen war. Ich lande im Dreck. Aus dem Lautsprecher eine flapsige Bemerkung. Alles lacht. Ich springe auf die Tribüne, um alles zu erklären, doch der Schauleiter lässt mir das Mikrofon nicht. Ich trete wütend nach ihm. Dann gibt es eine Art Disziplinarverfahren, dem ich mich hilflos und wütend ausgeliefert fühle.

Beim Erzählen ist die Träumerin völlig in der Schlussszene verfangen und sucht nach Möglichkeiten, mit dieser »unwürdigen Prozedur« umzugehen. Erst die Reaktionen der Dialogpartner richten ihre Aufmerksamkeit auf die Entstehungsgeschichte der aktuellen Misere und darauf, dass sie selbst die Großaufnahme des verschlissenen Gurtes übersieht. Würde sie besser für ihr Equipment und ihre Startbereitschaft sorgen, käme es vielleicht nicht zu solchen Folgeproblemen.

In nichttherapeutischen Kontexten wird meist nicht danach gefragt, ob ein eingeschliffenes Lebensstilmuster mit einem erlebten Scheitern in der Biographie zu tun hat. Und doch wird vielleicht intuitiv gespürt, dass es um Rechtfertigung geht und um irgendwie nichtproduktive Problemverschiebungen statt um von außen plausible Lebensbewältigung, ohne dass diese Intuition auf hilfreiche Weise eingebracht werden kann. Den Blick auf Vermeidungen und Ambitionen zu lenken kann daher hilfreich sein und eine Neuausrichtung auf die heutigen Versionen der oft vermiedenen Herausforderung anregen. Oftmals lassen sich aus den Vermeidungsszenen die Ambitionen herausfiltern, die zu neuen Orientierungspunkten werden können.

Jung: Individuation, Schattenintegration und Traumdialog

Mit dem Begriff »Individuation« markiert Jung die Ausrichtung darauf, wie ein Mensch auf dem weiteren Weg zu seiner Einzigartigkeit *werden* könnte. Das Heute wird nicht in erster Linie als Folge des Gestern verstanden, sondern als Entwicklung auf ein Morgen hin. Schieflagen werden nicht als zu beseitigende Störungen, sondern als noch nicht erlöste Entwicklungsstufen von dem betrachtet, was werden könnte. Um einen Menschen verstehen und fördern zu können, braucht es einen vorausschauenden Blick, einen Sinn für das Wesentliche und eine Intuition für das Mögliche (Schmid u. Gérard, 2008, S. 25 ff., 49–51, 124–126; zu Einschränkungen von Intuition vgl. S. 35 ff.).

Die Jung'sche Konzeption geht davon aus, dass es prinzipiell in jedem Menschen eine Instanz gibt, mit der er sich ein Urteil darüber bilden kann, ob das, was er präsentiert, wirklich zu ihm passt. Wie jede Urteilsfähigkeit kann diese ungeschult oder gemindert sein. Sie kann durch Übung und Austausch jedoch verbessert werden.

Dies gilt auch für den Umgang mit Träumen. Urteile über das Traumerleben werden in der Regel intuitiv vorgenommen und die Menschen orientieren sich daran, unabhängig davon, ob sie sich dessen bewusst sind oder nicht. Sie versuchen dann eine Bewertung mit Hilfe von Begriffen wie »echt« oder »authentisch«. Aus dieser Perspektive nach vorn schauend richtet sich die Intuition des Möglichen darauf, wie das Gegenwärtige in weitere wesensgemäße Entwicklung münden könnte. Es entstehen Phantasien, wie dies dann wäre und was es dafür brauchen könnte.

Das Jung'sche Konzept der Schattenintegration wiederum geht davon aus, dass Aspekte der eigenen Seele, die noch nicht in dieser Entwicklung berücksichtigt sind, oft in wenig attraktiven Varianten im Schatten bleiben, also nicht beachtet werden oder als »Störenfriede« ins Erleben dringen. Durch Begegnung und Integration verwandeln sie sich in positivere Versionen und ergänzen die Persönlichkeit in einer für sie wesensgemäßen und unverwechselbaren Weise. Systemische Ansätze nutzen diese Dynamiken, wenn sie aus »Schwächen« Stärken und Potentiale herauszuarbeiten versuchen.

Auch dazu ein Beispiel. Ein 35-jähriger Unternehmer ist derzeit ganz auf Selbstverwirklichung mit spirituellem Einschlag aus. Er träumt:

> *Ich ergehe mich in der Morgensonne am Strand. Ich trage leichte luftige Kleidung und »Jesussandalen«. Ich finde das toll. Da taucht ein Schwarzer in Lederhosen und Bergstiefeln auf. Er pöbelt mich viel zu laut an und macht sich über mein Outfit lustig. Ich wittere Randale und will den Störenfried loshaben. Bildschnitt: Fast wie im Schattenspiel sehe ich eine Seilschaft einen beachtlichen Berg erklettern. Vier Männer in voller Ausrüstung und kraftvoll unterwegs.*

Der Träumer suchte zunächst eher Bestätigung für die ergreifende Qualität der Ausgangssituation und für die Empörung über die Belästigung. Er ließ sich nur zögernd darauf ein, in dem Schwarzen probeweise einen Schattenbruder zu sehen, der sein gegenwärtiges (sich vielleicht einseitig verklärendes) Ich ergänzen und in eine Seilschaft für anspruchsvolle Unternehmungen holen wollte.

In der Jung'schen Psychologie spielt das Befragen von Symboliken einer große Rolle: Warum wird das Gegenüber als Schwarzer inszeniert? Wofür stehen Lederhosen und Bergstiefel? Warum taucht die Formulierung »sich ergehen« auf und warum am Strand? Warum zunächst zwei Männer, die recht gegensätzlich scheinen, und dann vier, die gemeinsam kraftvoll unterwegs sind?

Was sind zudem Schuhe für Gegenstände etwa im Unterschied zu Hüten? Was für ein Ding ist dann ein Bergstiefel, was eine Sandale? Wofür steht eine Bergbesteigung in unserer Kultur, wofür eine Männerseilschaft? Warum erst ein Mann, dann zwei, dann vier?

Warum erst Strand, dann Gebirge? Wenn dies Entwicklungen wären, wie würden sie in unserer Kultur angesehen werden? Usw.

Zum Anreichern von Symbolverständnissen ist es sicher nützlich, sich aus Fachliteratur oder besser aus Literatur und Kultur überhaupt anregen zu lassen. Feste Deutungsvorstellungen sollten daraus aber nicht abgeleitet werden. Jede Symbolik kann vielfältig immer auch ganz anders zu verstehen sein. Um jedoch eine vielleicht passende Version für die konkrete Situation zu finden, braucht es die differenzierende Befragung, gern auch angeregt durch solche Vorlagen.

Um den persönlichen Bedeutungsraum des Träumers zu erschließen, fragt man nach Assoziationen und Bezügen aus dessen Wirklichkeiten. So erfährt man vielleicht von Bergwanderungen in der Jugend, die gemeinsam mit den älteren Brüdern unternommen und vom dominanten und etwas groben Vater angeführt wurden. Hierbei handelt es sich um eine Bedeutungsanreicherung durch subjektbezogene Assoziationen.

Subjektbezogene Assoziationen unterscheiden sich von kulturbezogenen Assoziationen. Im kulturellen Bedeutungsraum fragt man nach dem tradierten Symbolwert von Elementen, nach ihren Funktionen und Bedeutungen in verschiedenen Kulturen. Zieht man sie heran, handelt es sich um eine Bedeutungsanreicherung durch kulturbezogene Assoziationen.

Generell steht die Jung'sche Psychologie dafür, dass Weiterentwicklung meist mit Begegnen, Annehmen und Integrieren zu tun hat: »Auch das bin ich!« Das wird allerdings auch oft als Zumutung empfunden, man darf nicht erwarten, dass sich Schattenseiten durch Erkunden, Annehmen und Entwickeln in wertvolle Beiträge zur künftigen einzigartigen Persönlichkeit verwandeln.

Das besondere Potential des Träumens nutzen

Wirklichkeiten kreativ erforschen

Jenseits klassischer Deutungsverfahren sind die vorgestellten Psychologien und ihre Weiterführungen für Wirklichkeits- und Bedeutungsbildungsverständnisse um vieles reicher, als hier dargestellt werden kann (Kast, 2006; Schnepel, 2001). Trauminhalt und Traumsymbolik können mit den Deutungsmasken und den Symbolverständnissen dieser Schulen angereichert werden. Letztlich gibt es viele interessante Traumdeutungsarten, die das jeweilige Menschenbild und Weltverständnis der Erfinder und den Zeitgeist der jeweiligen Kultur widerspiegeln. Für Interessierte lohnt es sich, sie zu studieren, weil sie Auskunft geben über bestimmte und zugleich komplexe Menschenbilder, Weltanschauungen, Wirklichkeitsbildungskonzepte, Kulturverständnisse und Gestaltungsinteressen. Ihr Studium übt im Verstehen von Narrativen aller Art bis hin zu Traumdeutungsverfahren. Doch bleibt, dass Träume letztlich so unbestimmbar und vielschichtig bleiben wie Musik, darstellende Kunst oder Literatur auch. Sich diese Vielfalt der Ansätze bewusst zu halten, führt zu der Einsicht, dass jeder gemäß seinen Interessen und seinen Wirklichkeitsstilen das Maß und die Richtung seiner Studien finden muss. Das heißt letztlich auch, dass keiner gültige Erkenntnisse oder einzig richtige Deutungen zu bieten hat, sondern lediglich Ideen im Spiegel seiner eigenen Wirklichkeitserzeugung und Lebenserfahrung anbieten kann. In den Vordergrund der Wirksamkeit des eigenen Beitrags rückt die Tatsache, dass durch diesen ein Raum für Differenzierungsprozesse geboten wird.

So passen die für jede Schule ausgewählten Traumbeispiele zu deren Deutungsangeboten. Würde man die Beispiele austauschen, wäre ihr Erklärungspotential nicht mehr so ohne Weiteres einsichtig. Man bräuchte allerlei Konstruktionen, um die Passung zwischen den einzelnen Traumbildern und einer Deutungsschule herzustellen. Damit würde ein lebendiges Geschehen in dogmatische Deutungsrahmen eingespannt. Das sollte man besser lassen und stattdessen lieber solche Deutungsrahmen entwickeln, die zu einem Traum passen.

Der schöpferische Dialog mit einem Traum setzt deshalb nicht bei einem Deutungsrahmen an, sondern geht vom Traum und den Prozessen aus, die er in Gang setzt. Nehmen wir eine Deutungstradition zum Ausgangspunkt, besteht die Gefahr, dass uns solche Zusammenhänge einfallen, die damit irgendwie in Beziehung gesetzt werden könnten. Elemente des Traumbildes rufen sozusagen die Vorstellungen, gespeicherten Erfahrungen und erworbenen Kenntnisse in Sachen Traum- und Kulturdeutung auf, ohne dass geklärt ist, warum im Dialog mit einem bestimmten Traum gerade diese Momente aufgegriffen werden sollten. Es kommt dann zu Fragen wie »Wo in diesem Traum sind nun Ambitionen und Vermeidungen von Herausforderungen?«. Dadurch verwechselt man Eigenarten von Gegenständen mit den Scheinwerfern, in deren Licht sie betrachtet werden könnten. Stattdessen sollten solche Deutungsmasken nur adoptiert werden, wenn sie Wesentliches zum Dialog beitragen.

Wenn das Licht einer Deutungsmöglichkeit nichts Bedeutsames zum Aufscheinen bringen kann, sollte man dieses wieder ausschalten können. Vielleicht könnte geklärt werden, warum diese oder jene Konzepte und Ideen aufgetaucht sind. So kann überprüft werden, ob ein plausibler und hilfreicher Zusammenhang zwischen ihnen und dem Traumgeschehen hergestellt werden kann. Wenn nicht, sollten die Deutungsmasken zurückstehen und die vielleicht unverständliche Einzigartigkeit der aktuellen Situation sollte ins Zentrum des Dialogs mit einem Traum gerückt werden.

Die Bedeutungen eines Traumgeschehens und seiner Elemente dürfen also ebenso wie die Wirkungen des Dialogs erst erfunden werden! Einzigartiger Anhaltspunkt hierfür ist die förderliche Bedeutungserweiterung der Sichtweisen des Träumers.

Der Dialog mit einem Traum bietet damit die Möglichkeit, symbolisches Verstehen auszuprobieren und diesem Raum und Zeit zu geben. Derart verhilft der Dialog mit der bildhaften Sprache eines Traums dazu, einen Austausch zwischen dem Unbewussten und dem Bewussten zu gestalten. Auch dieser Austausch vermag Anregungen zur Selbstentfaltung geben. Der Träumer kann sein Verhältnis zu »unbewussten« Wirklichkeitsbezügen überdenken. Hierzu braucht es letztlich die Bereitschaft des Träumers, aus Geträumtem Gewinn ziehen zu lernen und dies in seine Alltagswahrnehmung zu integrieren.

Balancen finden

Wie wir anhand vieler Beispiele zeigen werden, hilft das schöpferische Arbeiten mit einem Traum allen Beteiligten, das Zusammenspiel zwischen bewusst-methodischem und unbewusst-intuitivem Umgang mit Wirklichkeit zu entwickeln. So kann jeder Einzelne bei sich und im Zusammenspiel mit anderen die Dialogfähigkeit mit kreativen unbewussten Prozessen verbessern. Gerade dafür braucht es keine eindeutige Auslegung, keine abschließende Position und nichts Spektakuläres.

Spektakuläres im Traum hervorzuheben oder spektakuläre Deutungen zu befördern verhindert oft ein stimmiges menschliches Maß. Die vielfachen Anregungen eines Traums, wie sie in kleinen, zuerst vielleicht nebensächlich und unbedeutsam erscheinenden Dingen dargestellt sein können, würden verspielt. Das Gleiche gilt für dichte Momente im Dialog zwischen einem Träumer und seinen Gesprächspartnern.

Solche Momente im Dialog vertiefen und ausbreiten zu wollen, erzeugt leicht eine Tendenz zu Verklärungs- und Ergriffenheitskulten. Dichte Momente dürfen einfach stehen bleiben. Die Gesprächspartner können sie wirken lassen und dann wieder anderen Elementen Aufmerksamkeit schenken. Will man sich allzu stabil auf der Schwelle einrichten, verschwindet sie und es bleiben Surrogate.

Der Traumdialog – Einige Leitlinien

1. Der Dialog mit einem Traum orientiert sich an dem Impuls, eine Bedeutung entstehen zu lassen, neue Wirklichkeitsbezüge entdecken zu wollen.
2. Insofern bildet der Traum zunächst den Ausgangspunkt und die Hauptreferenz des Dialogs. Die Traumelemente können befragt werden.
3. Der Umgang mit einem Traum bildet aber auch ein Beispiel dafür, wie der Träumer mit den Dingen des Lebens umgeht.
4. Die besondere Wirklichkeitssphäre des Traums kann genutzt werden, um gewohnte Wirklichkeitsbezüge des Träumers zu bedenken.
5. Die Trauminszenierung kann als Beispiel für andere Lebenswirklichkeiten befragt werden. Sie kann verändert werden.
6. Das Zusammenspiel von Traumszenerie und Lebensszenerie kann entwickelt werden.
7. Der Träumer kann eine Wechselwirkung zwischen diesen verschiedenen Wirklichkeitsbezügen erfahren.
8. Der Dialog erhält seine offene, suchende Gesprächsqualität dadurch, dass der Träumer und sein Gesprächspartner unbefangen sprechen und erzählen dürfen. Die Inanspruchnahme einer Expertenautorität oder einer anderen vorgeschalteten Instanz (das kulturelle Wissen, die Seele) kann diese Offenheit behindern.
9. Zweck des Dialogs: die Erweiterung von Wirklichkeitserzeugungen und Wirklichkeitsstilen. Maßstab des Dialogs: die hilfreiche Selbstentfaltung des Träumers.
10. Ein Traum hat Potential. Der Dialog mit ihm ist ein schöpferischer Akt.

Vielschichtige Wirklichkeitsbezüge üben

Im Dialog mit Träumen können Aufmerksamkeitsgewohnheiten bewusst gemacht und gegebenenfalls verändert werden. Das, was im Traum oder im Gespräch zunächst wichtig erscheint, kann als nebensächlich, das, was weniger wichtig erscheint, als wichtig behandelt werden. So kann der Träumer etwas erfahren, was er normalerweise nicht erfährt. Er kann Aspekte beachten lernen, die seiner Aufmerksamkeit oder Würdigung normalerweise entgehen.

Auch kann der Träumer Zusammenhänge entwickeln lernen, die sich spontan nicht ergeben hätten. Welche Gewichtungen, welche Zusammenhänge richtig sind, muss selten entschieden werden. Wir betrachten Träume als »vielsinnhafte Gebilde«. Sie können in vielerlei Hinsicht Sinn haben und daher auf mehrere Welten sinnvoll bezogen werden.

Und gilt das nicht für Lebensgestaltung überhaupt? Ist es nicht ohnehin des Menschen Aufgabe, sein Leben so einzurichten, dass es in vielfältiger Weise Sinn ergibt, sich zum Fortspinnen vieler Stränge der Lebenserzählung eignet? Da Menschen jeweils nur an einem Ort und in einer Zeit ihre Wirklichkeit gestalten können, wäre ein Leben zu kurz, sollten seine Szenen nur bezüglich weniger Anliegen Sinn haben. Wir können nicht jedem Strang unserer Lebenserzählung eine eigene Inszenierung widmen. Vielmehr sollten das Erleben und Gestalten der Lebenswirklichkeiten vielen mythischen und materiellen Anliegen gleichzeitig dienen. Deshalb ist letztlich Leben auch Dichtung. Und wenn es bezüglich Vielsinnhaftigkeit gelingt, wird es als Sinn-voll empfunden. Wenn Lebensszenen zwar einen Teil der Lebenserzählung gut, andere aber weniger gut oder gar nicht bedienen, dann wird weniger Sinn empfunden und vieles muss nebeneinander ins Leben gepackt werden, um einem empfundenen Mangel an Kohärenz zu entgehen. Dann quellen die Leben über. Vielleicht kann mancher Stress unserer Zeit so beschrieben werden.

Es lohnt daher auch, zum Beispiel in Berufswelten Sinnbezüge zu vielen Lebensstrebungen herzustellen, da viele Menschen große Teile ihres Lebens auf Berufsbühnen verbringen. Mit Vielsinnhaftigkeit zu experimentieren kann nicht nur im Umgang mit Träumen, sondern auch sonst dabei helfen, zu Wirklichkeitsinszenierungen zu gelangen, die mehr Lebens- und Sinnbedürfnisse abdecken, als dies die bisherigen Inszenierungen tun. Gemäß unserem experimentellen Ansatz kann verabredet werden, probeweise vielschichtige Bezüge zwischen Lebenswelten, Lebensthemen und Sinnbedürfnissen herzustellen, um so eine gleichermaßen ökonomische wie poetische Beziehung zur Wirklichkeitsgestaltung zu entwickeln.

Innen- und Außenwirklichkeiten verknüpfen

Träume werden als Resonanzräume für Innenwelten und für Außenwelten verstanden. Ihre Deutung bezieht sich nicht nur auf Innenwelten, sondern auch auf das Erleben von Außenwelten und auf damit verbundene innere Prozesse. Dies drückt sich in der Unterscheidung zwischen subjektstufiger und objektstufiger Deutung aus, die etwa auch die Jung'sche Psychologie vornimmt, ferner in der Unterscheidung von Introjekten und Projektionen.

Die Unterscheidung zwischen subjektstufiger und objektstufiger Deutung führt zu der Frage, inwiefern Traumelemente als Aspekte des Träumers verstanden werden können und sollen. Dabei geht die subjektstufige Deutung davon aus, dass alles, was in einem Traum vorkommt, Seelenaspekte des Träumers repräsentiert. Daher wird in dieser Deutung danach gefragt, für welche inneren Instanzen und Seelenkräfte die Elemente im Traum stehen. Die Beziehungen zwischen einem Ich im Traum und den anderen Objekten wird als Beziehung zu sich selbst befragt. Nach dem Motto »It takes one to know one« ist alles im Traum Ausdruck der eigenen Seele, wie auch alles auf einer Diaprojektion aus dem einen Dia stammt. Dies kann herausfordernd sein, wenn die Objekte im Traum unverständlich, fremd oder gar bedrohlich erscheinen.

Die objektstufige Deutung wiederum geht davon aus, dass alles, was nicht der Träumer selbst ist, ein Objekt repräsentiert. Unter diesem Aspekt wird der Traum danach befragt, ob er etwas über die Objektbeziehungen des Träumers erzählt.

Als eine weitere Dynamik zwischen Innen und Außen kann ins Spiel kommen, inwiefern der Träumer selbst einzelne Traumelemente als Aspekte seines Innen oder aber seines Außen begreift.

Als Introjekte werden Aspekte der Außenwelt bezeichnet, die der

Träumer in seine Innenwelt aufgenommen hat und für das Eigene hält. Hier ist ihr Erkennen als etwas Fremdes angesagt. Als Projektionen werden Aspekte der Innenwirklichkeit bezeichnet, die man nicht als Eigenes erkennt, sondern von denen man meint, ihnen draußen zu begegnen. Hier ist ihr Erkennen als etwas Eigenes gefordert. Was wie zusammenhängen könnte und was wie zu einem gehört oder eben nicht, ergibt sich nicht unbedingt aus dem Traum, sondern muss im Dialog geklärt werden.

Diese unterschiedlichen Perspektiven können nebeneinander und miteinander kombiniert benutzt werden. So entstehen oft neue Zusammenhänge von Innen und Außen. Einen erotisch zudringlichen Arbeitskollegen im Traum aus dem Arbeitszimmer zu verweisen kann auf eine fällige Grenzziehung bei der Arbeit verweisen, auf eine zwischen männlichen und weiblichen Persönlichkeitsaspekten oder zwischen berufsorientierten und erotikorientierten Persönlichkeitsanteilen der Träumerin.

Vielleicht zeigt sich der Arbeitskollege grenzüberschreitend, weil er intuitiv die Verführbarkeit der Träumerin wahrnimmt, und verliert von selbst das Interesse, wenn diese sich über sich selbst klar wird. Oder die inneren Strebungen sortieren sich durch Klärung der äußeren Verhältnisse.

Viele Menschen kennen außerdem Synchronizitätserlebnisse (Seifert, 2002). Von Synchronizität spricht man, wenn äußere Ereignisse und innere Erlebnisse in verblüffender Weise zusammenfallen. Der Zusammenhang kann nichtkausal sein, ergibt aber Sinn. Er wird als »zufällig« angesehen, dennoch stellt sich die Frage danach, warum sie so zusammenfallen.

Traum- und Wachwirklichkeiten aufeinander beziehen

Dass Traumwirklichkeiten auf unsere Wachwirklichkeiten wirken, kann man erleben, wenn ein intensiver Traum Stimmung, Gedanken und Verhalten am nächsten Tag prägt. Manchmal blitzen mitten am Tag Erinnerungen an einen Traum auf und wir begreifen intuitiv, dass die gegenwärtige Wachwirklichkeit damit zu tun hat. Davon, dass Wachwirklichkeiten auf unsere Träume Einfluss haben, geht das Interesse an Traumdeutung meist aus. Viele kennen auch Träume, in denen sie »wach werden«, und versuchen das Traumgeschehen zu beeinflussen. Was »wach« in diesem Zusammenhang bedeutet, ist oft nicht ganz klar. Auch meinen manche Menschen gelegentlich tagsüber, dass sie träumen.

Die Unterschiede und Übergänge können fließend sein. Innere Bilder sprechen von unseren intuitiven Diagnosen bezüglich der Wachwelt und teilen sich uns in einer leichten Trance mit. Interessant ist außerdem der Versuch, Ereignisse in der Welt draußen, die im Wachbewusstsein wahrgenommen werden, wie einen Traum zu befragen. Manche Schilderungen kommen einem wie ein Traumbericht vor, zum Beispiel wenn man mehrere Schilderungen von Beteiligten an einem Geschehen vorliegen hat. Objektiv passt da oft wenig zusammen oder lässt sich nur mit Hilfe neutraler Schilderungen nachvollziehen.

Vielleicht ist auch gar nicht so wichtig, genaue Unterscheidungen zwischen Traum- und Wachwirklichkeiten zu treffen. Die Erlebnisse und Erzählungen können im Vordergrund stehen. Letztlich geht es um ein vielschichtig verwobenes Nebeneinander, mit dem man sinnvoll zu leben lernt.

Persönliche und kulturelle Bedeutung anreichern

Erlauben wir uns mehr Durchlässigkeit zwischen Sphären, die wir schematisch zu trennen gelernt haben, bekommen Ereignisse draußen wie drinnen neue Bedeutungen und Zusammenhänge. Von biographischer Bedeutungsanreicherung sprechen wir, soweit die Bezüge in der persönlichen Geschichte liegen.

Doch gibt es darüber hinaus auch Bedeutungsanreicherungen aus Kulturwissen und Verständnissen von Zivilisation. Dann sprechen wir von kultureller Bedeutungsanreicherung. Diese heißt in der Psychologie von C. G. Jung und seinen Nachfolgern Amplifikation. Dabei wird davon ausgegangen, dass sich das Kulturwissen, das sich in unseren Träumen zeigt, nicht auf unsere persönliche Bildung begrenzt. Vielmehr wird angenommen, dass sich darin ein Menschheitswissen über Evolution und Kultur spiegelt, das wir in unserer persönlichen Bildung zum Teil erst noch erschließen müssen. Dementsprechend liegt der Gewinn solcher Bemühungen nicht nur in der Bedeutungsanreicherung von Träumen, sondern auch in einer Vermehrung unseres bewussten Kulturwissens. So lässt sich in Bezug auf das Träumen von Feuer fragen: Was ist Feuer? Welche Position kommt Feuer in der Evolution zu (z. B. Waldbrände)? Welche Rolle spielt Feuer in der Zivilisation des Menschen (Feuerstellen, Brandschatzung oder rebellierende Jugendliche in europäischen Großstädten zu Beginn des 21. Jahrhunderts)? Welche Bedeutungen kennen wir in metaphysischen Dimensionen (z. B. Fegefeuer, Feuerwerke oder Anzeichen für nötige prophetische Aufschreie)?

Bezüge zu »objektiven« Kontexten anbieten
Bedeutungswissen aus dem Kulturwissen wird ergänzend angeboten oder ersatzweise zu subjektiven Bedeutungszuordnungen exploriert. Es wird überprüft, ob das kulturelle Wissen passgenau ist, und je nachdem verändert.
Beispiel: Angenommen, im Traum kommt ein offener Kamin vor, in dem ein Feuer brennt:
- Was ist das für ein Ding? (z. B. technische Einrichtung, die Naturgewalt als Kraftquelle beherrschbar macht)
- Welche Grundfunktion verkörpert sich in dem Vorgang des Brennens? (z. B.: durch Umwandlung wird Energie frei und nutzbar)
- Wie ist der Stellenwert in der Zivilisation und im Traum? (z. B.: Ein offener Kamin ist eine Einfachstform der Energiegewinnung mit geringem Wirkungsgrad und hohem Arbeitsaufwand. Im Traum ist er vielleicht ein romantisches Element, mit dem vermutlich nicht wirklich geheizt wird.)
- Wie ist die kulturelle Bedeutung? (z. B.: Um Feuer ranken sich Märchen, Erzählatmosphäre, Geborgenheit, Nachdenklichkeit, Kontakt zum Unheimlichen …)
- Warum wird es in dieser Variante auf die Bühne gebracht und nicht in einer anderen?
- Gibt es Auffälligkeiten? (z. B. auffällig hoch loderndes Feuer, ein leerer Holzvorrat)
- In welchen anderen Erzählungen spielt ein solches Element eine Rolle?
- Angenommen, diese wären absichtliche Ausdrucksmittel, wofür stehen sie dann?

> Diese Befragung eignet sich auch gerade dafür, Bilder aus der aktuellen Lebenswelt, für die es noch keine Deutungstradition gibt, wie etwa eine »Deospraydose«, zu befragen.

Archetypische Betrachtungen anstellen

Im persönlichen Leben, in kulturellen Erscheinungen ebenso wie in Erscheinungen der Natur zeigen sich Grundkonstellationen und Prinzipien, die zu identifizieren hilfreich sein kann. In der Bionik wurden anfänglich Erfindungen der Natur getreu nachgebaut wie etwa die scheinbar etwas unordentlich ausgefransten Flügel eines Geiers, um Verwirbelungen an Flugzeugflügeln zu minimieren. Neuere Entwicklungen der Bionik sind allerdings weniger auf direkten Nachbau ausgerichtet als vielmehr darauf, die in solchen erstaunlichen Entwicklungen der Natur repräsentierten Prinzipien zu verstehen, um diese in ganz anderen Zusammenhängen nutzen zu können. Es geht also um Abstraktion und Neukonkretisierung als Erkenntnisdisziplin.

Grundmuster des seelisch-geistigen Bereichs beschreibt die Jung'sche Psychologie als Archetypen. Sie hat sich dem Erkennen und Beschreiben von Archetypen dabei meist in bildhafter Form gewidmet. So kennen viele das Symbol der »Großen Mutter« oder von Anima und Animus als weibliche und männliche Seelenprinzipien. Diese Symbole für Archetypen lassen leicht vergessen, dass es sich um Grundmuster und Lebensprinzipien handelt, die in vielfältiger Symbolik zum Ausdruck kommen können.

So beschrieb Jung das Prinzip der »Vereinigung der Gegensätze« als ein zentrales Prinzip jeder Entwicklung recht abstrakt. Dualisierungen und erst recht Polarisierungen sind bei Entwicklungen auf höheren Stufen zu überwinden. Bilder aus Träumen oder aus der Kultur können die Vereinigung der Gegensätze symbolisieren, wie etwa der Hermaphrodit auf der Geschlechtsebene oder die Christusfigur oder Buddha auf der spirituellen Ebene. Zum Beispiel können das Erosprinzip und das Logosprinzip sich in unterschiedlichen Bildern als Frau und Mann, als Nährboden versus Erreger oder als Batterieladegerät versus Schraubenzieher zeigen. Archetypische Erklärungen schulen im Erkennen von Ähnlichkeiten über Wirklichkeitsgestalten hinweg und erlauben so ein Verständnis unterschiedlichster Zusammenhänge.

Sinnempfängliche Kommunikationskulturen entwickeln

Die bisherigen Darstellungen vermitteln hoffentlich einen Eindruck davon, wie sehr individuelle Wirklichkeiten durch den Umgang mit Träumen angereichert werden können. Treffen in dieser Hinsicht geschulte Menschen aufeinander, ist die Chance groß, dass sie sich auch gemeinsam vielschichtig auf Wirklichkeit beziehen. Sie erkennen einander intuitiv und geben sich wechselseitig Anreize dafür, Vielschichtigkeit im Hintergrund mit zu berücksichtigen und sie bei Bedarf auch in angemessener Form zum Thema zu machen.

In solchen Milieus kann somit eine vielschichtige Kultur entstehen, die das Gemeinschaftsleben reich zu machen und vor Oberflächlichkeit und Verblendung zu schützen vermag. Auch in scheinbar sachlich definierten Zusammenhängen ist dies oft dringend notwendig. Organisationen, die komplexe Aufgaben zu lösen haben, sind geradezu darauf angewiesen, sich nicht in Schmalspurwirklichkeiten und einfachen Schemata zu verirren. Daher ist so wichtig, Professionelle am Beispiel der Traumarbeit im Begreifen von und im Umgehen mit komplexen Themen zu schulen. Wenn dies mit deutlichem Bezug zu Professions- und Organisationswelten geschieht, ist die Wahrscheinlichkeit hoch, dass sie solche Kompetenzen in ihre beruflichen Tätigkeiten, in ihre Organisationen und in ihre Beiträge zu den dortigen Kulturen mitnehmen.

> **Sinnorientierte Traumdeutung**
> Träumer und Gesprächspartner können dem Dialog entnehmen, was für sie einen Sinn ergibt. Das Passende muss herausgefunden oder hinzuerfunden werden. Hierzu kann gefragt werden: Was würde helfen, die Dinge ins rechte Maß und in komplementäre Verhältnisse zueinander zu setzen?

Ein Traumtagebuch führen

Schließlich soll noch auf den Nutzen von Traumtagebüchern verwiesen werden. Darin darf neben Träumen alles, was sinnvoll mit ihnen zu tun hat, festgehalten werden. Zunächst lädt ein Traumtagebuch auf dem

Nachttisch schlicht dazu ein, sich für Traumerinnerungen zu öffnen und diese auch sofort nach dem Erwachen festzuhalten. Wenn Schreiben zu sehr wach macht, kann man sich auch mit einem Diktiergerät behelfen. Jeder kennt die Erfahrung, dass auch die lebendigsten Erinnerungen schnell unter anderen Bewusstseinsschichten begraben werden. Schon das Aufschreiben des Traums ist ein erster Dialog mit ihm und stärkt den Bezug zu ihm.

Träume und deren Bedeutung kann man leicht vergessen. Auch Vergessen ist gut, ebenso, nur an aktuell bedeutsamen Erfahrungen mit einem Traum interessiert zu sein. Jedoch kann es auch interessant werden, über Jahre, ja Jahrzehnte die Entwicklung der eigenen Lebenserzählung im Spiegel der Träume und der Erfahrungen rund um sie zu verfolgen. Hat man sie nicht notiert, stehen diese Welten dann vielleicht nicht zur Verfügung, wenn man aus ihnen ein Verständnis für sich selber schöpfen will.

Das Bedürfnis danach kann sich auftun. Verfügt man dann über Aufzeichnungen, kann man eine ganze innere Landschaft, Bezüge zwischen Träumen, zu Bildern aus der Biographie, An- und Einsichten aller Art entdecken. Dann liegt alles deutlich vor einem. Auf diese Weise kann man Motive verfolgen, deren Entwicklung sich über Jahre erstrecken und vielleicht erst in der Langzeitbetrachtung ihre Be-Deutung erfahren. Allerdings bleibt ein Traumtagebuch ebenso ein Fragment wie das ganze Leben auch.

III. Traumdialoge und Diskurskultur

Erste Schritte

In diesem und dem nächsten Kapitel stellen wir Praxisbeispiele für Traumdialoge vor. Die Traumdialoge konturieren wir zunächst in ihrem dialogischen Bezugsrahmen. Je weiter wir in den Darstellungen kommen, desto mehr eignen sich die Vorgehensweisen für Erfahrene. Eine entsprechende Weiterbildung der Dialogpartner und eine Supervisionsmöglichkeit sind zu empfehlen.

Wir wollen sowohl der Gestaltung von Dialogen durch Laien als auch durch angehende Fachleute gerecht werden. Wir wollen Menschen ermutigen, als Laien neugierig, hilfreich und auch verantwortlich mit Traumerzählungen umzugehen. Wir wollen außerdem beratend tätigen Menschen, die vielleicht in ersten Schritten mit Träumen arbeiten, Möglichkeiten erschließen, sich ihren Klienten mit einer verantwortlichen Haltung gegenüber Träumen zu nähern.

Gerade auch in Beratungen oder Bildungsmaßnahmen wollen wir dazu ermuntern, Klienten einzuladen, von ihren Träumen zu erzählen, um ihnen damit die Möglichkeit zu geben, sich auf unübliche, aber bedeutsame Wirklichkeitsbezüge einzulassen. Einen Dialog mit Träumen zu beginnen erlaubt, Wirklichkeitsbezüge zu erweitern und Möglichkeiten zu nutzen, die sonst brach liegen.

Deshalb stellen wir Vorgehensweisen dar, die die offene Haltung des Dialogs und den ergänzenden Part der Dialogpartner veranschaulichen. Wir stellen Übungsmöglichkeiten vor und illustrieren sie durch Ausschnitte aus Traumdialogen. Dies soll den Sinn für dialogisches Arbeiten wecken und zum Ausprobieren ermutigen.

Traumdialoge als gemeinsame Erzählung

Träumer erzählen ihre Träume anderen. Hierfür gibt es unterschiedliche Anlässe und Settings. Meist teilt ein Träumer seinen Traum anderen Personen mit, um entweder Anteilnahme oder eine Verstehenshilfe zu erfahren. Neben dem persönlichen Interesse an einem bestimmten Traum können Menschen es grundsätzlich als eine Bereicherung empfinden, einander ihre Träume zu erzählen.

Allein durch das Erzählen wird die Orientierung auf symbolische und mythische Ebenen der Wirklichkeit gepflegt, so dass rationale Gewohnheiten ergänzt werden können. Von unterschiedlichsten Völkern, beispielsweise den Senoi, einem Volk im malaiischen Urwald, wird berichtet, dass das Erzählen und aktive Umgehen mit Traumerlebnissen fester Bestandteil ihrer Kultur ist (z. B. Garfield, 1993). Durch Traumdialoge kann eine Erzählkultur entwickelt werden, die unsere Alltagswirklichkeit zu ergänzen vermag.

Die Erzählsituation kann aus zwei Einzelpersonen oder aus einer Gruppe bestehen, in der die Dialogpartner gemeinsam auf das reagieren, was ein Träumer erzählt. Bei den Dialogpartnern kann es sich um »Laien«, um Freunde, eine gute Kollegin, Berater oder eine therapeutisch arbeitende Gesprächspartnerin handeln. Steht ein Berater oder Therapeut als Dialogpartner zur Verfügung, kann dieser auf ein methodisches Verständnis der Situation und auf ihm bekannte Arbeitsfiguren zurückgreifen.

Traumdialoge sind eine akzeptierte Mixtur aus der Erlebniswelt des Träumers und den Assoziationswelten der Dialogpartner. Jeder nimmt sich heraus und spiegelt, was ihm sinnvoll erscheint. Allein schon wenn die Dialogpartner ihre spontanen Interessen an der Erzählung mitteilen, ergänzen sie den Traum. Oder wenn sie dem Träumer beispielsweise spiegeln, wo sich ihrem Eindruck zufolge sein eigenes Interesse kristallisiert, erweitern sie das Feld der möglichen Betrachtungen. Überall kann nachgehakt werden. Wenn weitere Interessen am Traumgeschehen und Betrachtungen zur Sprache kommen, verändert sich dadurch etwas für den Träumer, in seinem Traumerleben bis hin zum Traumgeschehen?

Nicht nur für den Träumer, sondern auch für die Dialogpartner können Traumdialoge bedeutsam sein. Auch ihre Erlebnisse und Bedeutungswelten werden im Dialog mit Träumen von anderen aktiviert.

Alles, was dem Träumer angeboten wird, kann auch vom Partner als Angebot geprüft werden. Hierin liegt ein kultureller Gewinn des Erzählens von Träumen.

Kollegiale Traumdialoge

Für kollegiale Traumdialoge sind kreative Talente, Experimentierlust und Respekt der Dialogpartner gefragt. Die Dialogpartner sollen zunächst übliche Perspektiven und Plausibilitäten hinterfragen und kontrastierende anbieten. Hierbei soll Schutz für den Erzähler und dessen »Wirklichkeitssouveränität« gewährleistet werden. Anstatt hierfür Vorsichtsmaßnahmen und Maßregeln aller Art anzubieten,[1] beschreiben wir eher angemessene Haltungen im Vertrauen darauf, dass dies hilft, verantwortlich zu handeln. Kombiniert mit vielen auch für Laien verantwortlich nutzbaren Arbeitsfiguren zu Träumen scheint uns dies eine hinreichende Einladung zum freimütigen und respektvollen Umgang mit Träumern.

Kollegialität im Traumdialog ist eine Alternative zum Expertendialog. Die Zuhörer einer Traumerzählung sind eingeladen, die spontanen Ideen und Resonanzen, die die Erzählung bei ihnen erzeugt, mitzuteilen und somit die Traumerzählung zu ergänzen. Die Dialogpartner sind also nicht als Analytiker des »richtigen« Inhalts oder Anliegens gefragt. Mit dem schöpferischen Moment ist vielmehr ihre Intuition gefragt.

Dialogpartner können die Traumbilder durch ihre Einfälle, Vermutungen und Einschätzungen anreichern. Dies kann aufgrund eines allgemeinen Verständnisses geschehen, unabhängig davon, wie spezifisch ein Gesprächspartner (aus)gebildet ist. Ein solcher Dialog kann Suchprozesse auslösen und neue Ebenen erschließen. Die Eindrücke der Gesprächspartner können einfach neben die Traumerzählung gestellt werden. Sie stehen als mögliche Bedeutungsanreicherungen zur Verfügung.

---

1 Hinter pathetischen Warnungen stecken oft problematische Motive. Sie verunsichern eher und halten Menschen mit schädlichen Neigungen ohnehin nicht von ihrem Tun ab. Eher ziehen die Dialogpartner leichter Grenzen, wenn sie die hier dargestellten positiven Modelle und Maßstäbe kennen.

Bedeutungsanreicherungen können unter bestimmten Perspektiven auch aktiv gesammelt werden, bis sich in der Begegnung zwischen ihnen und den Reaktionen des Träumers Bedeutungen herauskristallisieren. Hierbei dürfen sich Gesprächspartner irren, können Ansätze unberücksichtigt oder in der Schwebe lassen, können mit einer anderen Idee weitergehen.

Wichtig ist, mit den anderen im Dialog zu bleiben. Allerdings kann es auch sinnvoll sein, Dialoge zu beenden, in denen man sich länger unwohl fühlt oder die nichts einbringen. Dies darf man wegen mangelnder Passung in aller Freiheit und ohne weitere Rechtfertigung tun. Diese diskursive Haltung ist nicht nur für Laien in Bezug auf Träume geeignet.

Traumdialoge als experimentelle Collagen

Der schöpferische Dialog mit einem Traum darf einem unvollständigen Puzzle oder einer experimentellen Collage ähneln. Auch bei einer unvollständigen Collage kann ein Verständnis dessen entstehen, was zum Ausdruck gebracht werden könnte. Nicht die Bestandteile der Collage, sondern ihre Zusammenschau, die Ergänzungen durch den Betrachter machen das Kunstwerk aus.

Es muss auch nicht alles nachvollziehbar sein. Entweder entsteht im Dialog eine Resonanz zwischen dem Träumer, dem Traum und den Einfällen anderer oder es entsteht keine. Hieran scheiden sich für jeden das Nicht-Stimmige und das Stimmige. Das Stimmige darf gelassen aufgenommen, das Nicht-Stimmige losgelassen werden. Sinnbezüge kristallisieren sich oft erst nach und nach heraus. Erfahrungsgemäß bleiben aber Anregungen, die der Träumer intuitiv als wesentlich erkennt. Sie müssen ihm nicht aufgenötigt werden.

Träumer und Dialogpartner können nach einer Rahmenvereinbahrung mit dem Dialog beginnen und sich dabei ohne Leistungszwang von dem anmuten lassen, was sich entfaltet. Auf diese Weise werden im Dialog zwischen dem Träumer und seinen Dialogpartnern viele und unterschiedliche Momente angerührt. Bei manchem verweilt man, bei anderem geht man einfach weiter. Immer wieder kann neu ausgewählt, aufgegriffen und fortgesponnen werden. Statt auf Traumdeutungsschulen, auf überliefertes Wissen und Traditionen, mit Träumen umzugehen, zurückzugreifen, um dem Deutungsprozess einen sicheren Rahmen zu geben, erlaubt der dialogische Umgang mit Träumen anzufangen und loszuschwimmen, so wie wir es in der Regel auch im Alltag praktizieren.

Statt also eine falsche Sicherheit für das Vorgehen vorzugeben, kann der Traumdialog dafür genutzt werden, die Fähigkeit des Anfangens und Losschwimmens auch für den alltäglichen Umgang mit vielschichtiger Wirklichkeit zu kultivieren. Vielleicht bietet diese Erfahrung auch die Möglichkeit, die Haltungen der Gesprächspartner zu solchen Fähigkeiten zu überdenken. Denn das Losschwimmen lehrt das Vertrauen, sich von den vielfältigen sich entfaltenden Sinnbezügen tragen zu lassen, sie also nicht gleich vorfinden, sondern sie erst entdecken zu dürfen.

Intuitionen folgen

Der schöpferische Dialog verfolgt keine systematische Analyse, sondern versucht einen erzählerischen Dialog mit Traumwirklichkeiten und zwischen den Dialogpartnern. Fragen und Betrachtungen dürfen unsystematisch und punktuell sein wie das Erforschen eines unbekannten dunklen Raumes mit einem dünnen Lichtstrahl. Was aufscheint, kann näher beleuchtet werden. Sie dürfen aber auch Eindrücke zu Elementen oder zum Ganzen widerspiegeln. Das gilt auch dafür, wenn ein eher nebensächliches oder am Rande auftauchendes Element beim Dialogpartner den Eindruck hinterlässt, es handle sich um ein zentrales Moment. Er kann seiner Ahnung folgen und von da ausgehend seinen Gesamteindruck formulieren.

Beispiel: Wer sitzt am Steuer?
Eine Träumerin berichtete vom Beginn eines längeren Traums, dass sie mit ihrem Mann, ihrem Sohn und Gruppenmitgliedern in einem größeren Auto unterwegs war. Obwohl der Traum viele Ansatzmöglichkeiten bot und vieles noch zu spezifizieren gewesen wäre, beschäftigte einen Dialogpartner die Frage, wer wo saß, wer am Steuer saß und wieso dies als Ausgangssituation so inszeniert war. Hieraus entwickelte sich ein interessantes Gespräch über die Verteilung von Richtungsbestimmung und Steuerung in der Familie der Träumerin.

Schutz intimer Sphären

Sollten bei solchen Dialogen intime Dimensionen angesprochen werden, die nicht ausdrücklich thematisiert werden sollen, kann dies in allgemeiner Form benannt und bestätigt werden, ohne dass näher darauf eingegangen wird. Dadurch bekommen diese Dimensionen ihren Platz, schwingen vielleicht im Hintergrund mit, sind aber nicht Thema und ziehen die intuitiven Spekulationen nicht über Gebühr auf sich. Vielleicht gibt der Träumer zur »Verortung« ein paar Stichworte, darf aber in Anspruch nehmen, Weiteres nicht öffentlich zu machen.

Beispiel: Sich ungeniert ansehen lassen
Der Träumer, Kleidung und Benehmen bislang auffällig korrekt, berichtet in einer professionellen Supervisionsgruppe:

> *Ich habe von einer Gruppe geträumt. Welche von euch, aber auch Kollegen und Kolleginnen aus meinem Unternehmen sitzen zusammen und diskutieren mit mir. Ich bemerke, dass ich unter meinem Hemd und der Krawatte nur einen hauchdünnen Slip anhabe. Jetzt kann mich jeder sehen, auch die jungen Kolleginnen! (Er zeigt Erregung zwischen Angst und Lust.)*

Die Dialogpartner reagieren mit allerlei Phantasien über erotische Wünsche und Angst vor Beschämung. Sie deuten dies an, ohne plastisch zu werden. Dann stellen sie wohlwollend fest, dass für sie hinter der beruflichen Situation noch andere Lebensbereiche angesprochen sein könnten, beschränken sich aber darauf, dieses Bild auf wachsende Männlichkeit, Lockerheit und freundliche Beachtung solcher Qualitäten in der Gruppe und möglicherweise in anderen Zusammenhängen zu beziehen.

Es geht bei der kollegialen Arbeit mit Träumen zunächst um den unbefangenen Dialog als Angebot von Verstehens- und Sinnmöglichkeiten, ohne Richtigkeit und Expertenautorität irgendwelcher Art in Anspruch zu nehmen. Zur Ergänzung der verfügbaren Verhaltensweisen werden geeignete Arbeitsfiguren eingeführt und als Bestandteile einer Erzählkultur gepflegt. Der notwendige Schutz wird durch Haltungen und Entwicklung von Gesprächskultur hergestellt.

> **Traumdialoge**
> Bei kollegialen Dialogen mit einem Traum geht es um einen spielerischen Umgang mit Traumerleben und Kontexten. Es geht um Erkundungen und Vergegenwärtigung
> 1. des Geschehens im Traum,
> 2. des Geschehens rund um den Traum,
> 3. der Bedeutungsgebungen durch den Träumer und
> 4. der Resonanzen in der Begegnung mit anderen.
>
> Für den Träumer entscheidend ist situative Plausibilität, die im nachlaufenden Suchprozess ergänzt oder korrigiert werden kann.

Spontaner Traumdialog in der Morgenrunde

Die Wiedergabe eines spontanen Gesprächs über einen Traum aus der Morgenrunde eines Seminars, in dem die Teilnehmer eingeladen wurden, Resonanzen mitzuteilen, soll das Vorgehen beispielhaft verdeutlichen. Danach wird als Beispiel für ein systematisches Vorgehen eine Traumdialog-Übung in einer Weiterbildungsgruppe dargestellt.

Beispiel: Das andere Licht
Ein Träumer erzählt im Rahmen der Morgenrunde eines Seminars. Mehrere Zuhörer hören der Traumerzählung zu und bringen ein, was sie beschäftigt.

> *Träumer: Ich sitze in meinem Büro. Das Licht geht aus. Vielleicht ein Kurzschluss. Es ist Dämmerlicht. Von meinem Schreibtisch geht ein seltsames Glimmen aus. Das ist etwas unheimlich, aber auch magisch. Das scheint eine der unteren Schubladen links zu sein, die ich bislang nicht wahrgenommen habe. Ich rufe nach einem Techniker. Es kommt ein forscher Typ mit einem beachtlichen Werkzeugkasten. Irgendwie tut er so, als wäre er schon mal in dieser Sache dagewesen. Im Licht seiner etwas grellen Arbeitsleuchte sieht er nicht, was ich meine, bietet aber an, die Schublade aufzubrechen, weil er keinen Schlüssel entdecken kann. Ich lehne ab, um den Schreibtisch nicht zu ruinieren.*

> *Das kränkt ihn in seinem Tatendrang. Er packt ein und will im Affekt gehen. Als er seine Lampe abschaltet, sehe ich das Glimmen wieder. Ich zeige ihm das und er schaut etwas verwirrt. Die Schublade steht jetzt einen Spalt offen und es leuchtet darin. Neugierig ziehe ich sie ganz auf. Da liegen nur übliche Sachen, aber besonders sorgfältig geordnet. Irgendwie bin ich doch enttäuscht.*

Dialogpartnerin A: Mit wird ganz wundersam! Gut, dass die Schublade nicht mit Gewalt geöffnet wurde.

Dialogpartner B: Mir ist eingefallen, dass du gestern davon gesprochen hast, dass es in eurem ursprünglichen Vorhaben »die Sicherung rausgehauen hat« und dass ihr jetzt »mit neuen Top-Tools« ranmüsst. Vielleicht zeigt der Traum, wie es auch anders gehen könnte.

Dialogpartner C: Mir tut der Techniker leid. Der ist ja engagiert und gut ausgerüstet. Irgendwie sollte der dabei bleiben. Manchmal braucht man ja einen dicken Werkzeugkasten und helles Licht.

Dialogpartner A: Warum bist du enttäuscht? Worin glaubst du dich getäuscht zu haben? Leuchtet es eigentlich noch?

Dialogpartner B: Ja, das mit dem Licht ist interessant, bei welchen Verhältnissen man was sehen kann. Selbst der Techniker sieht mehr als vorher oder zumindest mal was anderes.

Dialogpartner C: Dass die Schublade von selbst aufgeht, wenn er sie nicht aufbricht und seine Lampe abschaltet, dürfte ihm zu denken geben.

Dialogpartner A: Dass du das hier so frisch, aber auch so sensibel erzählst, gibt mir ein gutes Gefühl für dein Lernen hier. Ich wünsche, dass du davon was in euer Projekt mit übernehmen kannst.

Dialogpartner B: Irgendwie bin ich auch ein bisschen neidisch. Wenn ich so was Tolles träumen oder bei meiner Arbeit erleben würde, würde ich mich runder fühlen.

Traumdialog als ein methodisches Experiment

Beim fünften Baustein einer Weiterbildung zum systemischen Berater im Organisationsbereich wird der Weiterbildungsgruppe das »Experiment Traumdialog« angeboten. Die Traumübung ist am Vortag angekündigt worden. In regelmäßigen Spiegelungsübungen hatte die Gruppe schon Erfahrungen mit narrativen Verfahren und intuitiven Dialogen gesammelt, Träume hatten bislang keinen Platz in der Weiterbildung. Die Traumübung ist als Erweiterung intuitiver Dialoge angekündigt, nicht als empfohlene Methodik.

Vor Beginn der Übung wurden Haltungen und Vorgehensweisen in diesem Sinne gerahmt und die Teilnehmer bezüglich des Ablaufs und ihrer Rollen instruiert. Die Gruppenteilnehmer werden eingeladen, die Traumerzählung auf sich wirken zu lassen, zu bemerken, wohin es ihre Aufmerksamkeit zieht, wo sie spontan Bedeutung suchen oder anbieten wollten, ob die Darstellung des Träumers ihren Bildern entspricht oder ob sie andere Akzente setzen würden.

Beispiel: Einen Standort suchen
Ferdinand meldete sich spontan. Er ist Sozialarbeiter auf der Suche nach einem (neuen) beruflichen Standort. Er hat keine Erfahrung mit Traumdeutungen, interessiert sich aber dafür, durch den Dialog mit seinen Träumen Hinweise für seinen Lebensweg zu erhalten. Auch Spiegelungen anderer seien willkommen. Er erzählt einen Traum aus der Nacht zum zweiten Tag des Weiterbildungsblocks, an dem die Traumdialog-Übung in der Weiterbildungsgruppe stattfindet. Er selbst habe schon versucht, einen Zusammenhang zu seiner Suche herzustellen, bislang ohne überzeugende Ideen.

Klient: Ich bin in einer riesigen Buchhandlung, will die Zeitschrift »Der Spiegel« abholen, die ich wegen meiner Reklamation zum Reparieren abgegeben habe (grinst). Ein Freund, ein Mathematiker, spricht mich an, weist mich auf ein günstiges Angebot »Per Anhalter durch die Galaxis« hin. Ich gehe mit ihm, stelle aber fest, dass das Sonderangebot nur einem von vier Bänden gilt, nehme aber dann alle vier und »Herr der Ringe« in einer fünfbändigen Ausgabe. Diese brauchte ich nicht wirklich, hatte alles schon gelesen, konnte sie auch kaum tragen, denn meine Plastiktüte war eigentlich schon voll.

Dann stehen wir an der Kasse rum, es kommen immer mehr Männer mit solchen Plastiktüten und stehen auch rum. Der Mann an der Kasse unterhält sich, kassiert aber nicht, ich kann ihn auch nicht wegen meiner Reparatur fragen. Dann werden noch Kühlschränke angeliefert, für die kein Platz ist. Ich biete an, diese not-

falls bei mir zu Hause zu lagern. Ich komme mit dem Mann an der Kasse ins Gespräch und er erzählt von diesem Stadtteil früher, als alles noch sehr ländlich war. Ich verlasse mit dem Freund die Buchhandlung und wir versuchen uns vorzustellen, wie der Stadtteil früher war, können uns das aber nicht so recht vorstellen. Ich fahre dann mit einem Fahrrad und dem Freund auf dem Gepäckträger Straßenbahnlinien entlang. Das ist jetzt irgendwie Karlsruhe oder Wuppertal.

Dann wache ich auf und mir ist noch ein Teil des alten Ortsnamens im Ohr und ich versuche mich vergeblich an den ganzen Namen zu erinnern.

Dialogpartner: Kannst du dich an die Stimmung am Ende des Traums erinnern?
Kient: Ich habe bedauert, dass ich nicht damals dabei gewesen bin, als noch nicht alles so zugebaut war!
Dialogpartner: Wie ging es dir nach dem Aufwachen?
Kient: Der Traum hat mich interessiert, aber ich war auch angespannt. Ich wollte ihn und seine Botschaft nicht verlieren.
Dialogpartner: Die Art des Träumens und der Traumgeschichten, entsprechen sie eher deiner üblichen Art zu träumen?
Kient: Ja.

Die Gruppe tauscht sich paarweise in Murmelgruppen für ca. 10 Minuten aus. Obwohl dies nicht verpflichtend war, berichtet jeder, was besprochen wurde (w = Frau / m = Mann):

w: Ich würde fragen, wie der Traum denn weitergehen würde bzw. was anders wäre, wenn man ihn steuern könnte. Ist das Traumgeschehen komplett weg von alltäglichen Realitäten? Wofür steht der Freund? Dafür, dass man immer wieder auf ganz unterschiedliche Dinge springt? Was steckt hinter den Buchtiteln?
m: Ich konnte mich auf das Ganze nicht so recht einlassen. Mich hat die Frage beschäftigt: Ferdinand kennt sich nun schon so lange, wie gut kennt er sich eigentlich? Haben die letzten Jahre etwas verändert?
w: Der Traum selbst hat nicht viel in mir ausgelöst. Mich hat beschäftigt, welche Bedeutung Räume haben, die der Buchhandlung, die Stadt,

das Zuhause, wo die Kühlschränke eingelagert würden. Und ob durch den Traum was Neues kommt oder ob das Erinnerungen sind. Was könnte man als irrelevant wegstreichen, damit man sich selber besser kennenlernt?

m: Ferdinand kam mit einem Interesse, lässt sich von allem, was daherkommt, ablenken, löst Probleme für andere. Wo ist das eigene Interesse geblieben? Bei Wuppertal fiel mir ein Film von Wim Wenders ein ... (wollte davon weitererzählen, wurde aber gestoppt).

m: Die Stimmung letztlich karg, mehr Bedauern, was alles nicht mehr war. Wo ist das heutige Leben?

w: Ich bin an den vollen Plastiktüten hängengeblieben. Und dass es nur Männer sind. Und dass der Mann an der Kasse seinen Job nicht macht, Ferdinand das aber zu Unrecht völlig locker nimmt. Das erinnert mich an manche Szene mit Ferdinand in der Weiterbildungsgruppe.

w: Bei mir hat das letzte Bild nachgewirkt, ähnlich wie bei einem der Vorredner. Er fährt durch eher düstere Landschaft, lässt etwas hinter sich und nimmt es doch auch mit. Unklar, wo er eigentlich hinfährt. Es fehlt was. Wie geht es weiter?

m: Für mich hat die Geschichte weder einen rechten Anfang noch ein Ende. Das Ende eher wie ein Klischee: Der Cowboy reitet in den Sonnenuntergang. Auch die surrealen Elemente, wie die Reparatur einer Zeitschrift, die vielen Männer mit den Plastiktüten oder die Kühlschränke, vermitteln eine Ferne zu konkreten Welten.

w: Es plätscherte so vor sich hin. Mir wurde langweilig. Dann dachte ich, jetzt passiert was, doch wieder nur ein Nebenschauplatz. Es plätscherte weiter so vor sich hin. Ferdinand hat eingangs berichtet, dass er in Gefahr ist, »schwammig« zu werden. Jetzt bekomme ich mehr ein Gefühl dafür, was er damit meint.

m: Mich haben Ferdinands Werte beschäftigt. Hilfsbereit sein scheint wichtig und die Treue zu dem Freund. Dann ein Hang zum Ländlichen, vielleicht zum Nostalgischen. Individuell sich fortbewegen zu können, zum Beispiel mit dem Fahrrad, könnte wichtig sein. Und er schätzt, was er hat. Dass einer eine Zeitschrift reparieren lässt, ist schon ungewöhnlich.

m: Ich konnte nicht so viel mit dem Traum anfangen, nur mit den Stadtszenerien. Die zur Erläuterung erwähnte Buchhandlung steht in Köln. Dann Stadt-Land. Ferdinand ist ja schon viel rumgekommen.

Und diese Szene am Ende: auf dem Fahrrad unterwegs. Da hatte ich ein Déjà-vu-Erlebnis. Ferdinand hat mir schon einmal eine ähnliche Geschichte erzählt.
m: Ich konnte keine Handlung erkennen, die ich spannend gefunden hätte, eher einige absonderliche Einzelheiten. Ich habe aber einfach mitgehen können. Sympathisches ohne großen Belang. Irgendwie typisch Ferdinand, bis hin zu der Idee, eine Zeitschrift zur Reparatur zu geben. Ferdinand hat andere Probleme von Belang. Diese scheinen im Traum nicht auf, was mich wiederum nicht überrascht. Er interessiert sich eben für alles Mögliche, was eben irgendwie interessant ist.
w: Mich spricht der Buchladen an, der was Nostalgisches hat. Auch dass er schon gelesenen Büchern so zugewandt ist. Alles sehr sympathisch. Doch dann wieder die Plastiktüten oder der Schlendrian. Das fand ich sehr widersprüchlich.

Dialogpartner: Ferdinand, was von den Äußerungen hat dich nun unmittelbar angesprochen?
Kient: Traurig berührt hat mich, dass der Traum von einigen als leer, fad, ohne Leben erlebt wurde. Auch dass ich im Traum mit einem eigenen Anliegen startete und mich immer wieder habe abbringen lassen. Ich bin ja auf der Suche nach »einer Schublade für mich«. Außerdem, ich gebe Einflüssen zu leicht nach. Das ist vielleicht auch eine Art, Festlegungen leerlaufen zu lassen. Da ist auch eine Angst, festgelegt zu werden.
Dialogpartner: Könnte es sein, dass du »in eine Schublade gesteckt werden« mit »dich orten lassen« oder »dich positionieren« verwechselst und dich deshalb lieber in Unverbindlichkeiten flüchtest?
Kient: Da ist was dran, aber ich möchte mich darauf nicht zu 100 Prozent festlegen.
Dialogpartner: Das ist interessant, dass du die Bestätigung, dass da was dran ist, mit 100 Prozent Festlegung in Verbindung bringst. Ich wollte dich keineswegs darauf festlegen und schon gar nicht zu 100 Prozent. Denkst du, dass du dich anderen auslieferst, wenn du dich zu erkennen gibst? Bist du dann eher mit Ablenken beschäftigt, anstatt das Wesentliche zusammen mit anderen herauszuarbeiten?
Kient: Ich bin vielleicht so verzweifelt auf der Suche nach etwas, woran ich mich festhalten kann, dass ich mich selbst versuche festzulegen, sobald ich eine einigermaßen passende Schublade gefunden habe. Aber

das passt dann doch nicht ganz. Dann stelle ich wieder alles infrage. Ich bin eigentlich totalitär mit mir selbst und entziehe mich dem dann wieder. Dann weiß ich nicht, woran mich orientieren soll, und versuche halt gut zu finden, was immer mir begegnet.
Dialogpartner: Ist der Freund im Traum ein geeigneter Begleiter für eine solche Selbstsuche?
Kient: Den gibt es auch in Wirklichkeit und der kann mir keine Orientierung bieten. Er weiß selbst nicht, was mit seinem Leben anfangen.
Dialogpartner: Hättest du gerne einen Mentor, im Traum und auch sonst, der dir jenseits der besprochenen Muster hilft, über maßvolle Beurteilungen nach und nach zu den Dingen zu finden, die dir wirklich bedeutsam werden könnten?
Kient: Ja, das hätte ich gerne.
Dialogpartner: Es wäre dann gut, deine Welten durchzusehen, wer da für dich Bedeutung haben könnte. Vielleicht holst du dir auch hier in der Gruppe Unterstützung, nachdem das jetzt für dich und die anderen deutlicher geworden ist.
Kient: Ja, das könnte ich wirklich gut gebrauchen.

Im Nachgespräch zur Übung kam zum Ausdruck, dass doch überraschend ist, auf wie verschiedene Perspektiven sich die Reaktionen der Gruppe beziehen. Befreiend wurde empfunden, dass die verschiedenen Reaktionen wie Mosaiksteinchen nebeneinandergelegt werden dürfen, ohne aus ihnen eine Deutung machen zu müssen. Verschiedene Perspektiven und Deutungsversuche durften probeweise aufgerufen und auch wieder verlassen werden, zwischen verschiedenen Betrachtungs- und Verständnisebenen freimütig gesprungen bzw. einfach nur Anregungen geboten werden. Dies gewährt spielerisch Vielfalt und die Freiheit, sich daraus Plausibles zu entnehmen. Man fühlt sich eingeladen, mal was auszuprobieren. Was unverständlich ist, darf so bleiben, darf als »unverständlich« angesprochen werden. Man kann vereinbaren, wie man damit umgeht, dass Dinge unverständlich bleiben oder man keine Idee hat, wie es weitergehen kann.

Kollegialer Dialog mit einem Traum
(Dauer der Übung: 90 Min.)
1. Der Gruppenleiter interviewt den Träumer im Plenum (15 Min.) zum Traumgeschehen. Eine solche »Ortsbegehung« dient dazu, die Trauminszenierung möglichst reichhaltig und nachvollziehbar erzählt zu bekommen, ohne Interpretationen durch den Interviewer.
2. Nach der Traumerzählung tauschen sich je zwei Zuhörer in »Murmelgruppen« (15 Min.) darüber aus.
   Welche Wirklichkeit mit welcher Stimmung und welchen Impulsen entsteht beim Zuhören? Gibt es spontane Fragen, Kommentare oder Empfehlungen, die Ausdruck impliziter Deutungen und Neigungen sind, intuitiv Konsequenzen für den Träumer zu ziehen?
   Die Einfälle dürfen freimütig spekulativ sein.
3. Dann berichten alle reihum im Plenum (20 Min.), wobei diese Berichte dem Träumer nicht als Deutung angeboten werden, sondern als eigene Wirklichkeiten, die nur vielleicht einen Bezug zum Träumer und seinen Wirklichkeiten haben.
4. Schließlich interviewt der Gruppenleiter den Träumer zu seinen Reaktionen und eventuellen ersten Verarbeitungen des bisherigen Geschehens. (25 Min.)
5. Nachbesprechung im Plenum (15 Min.), wie es den Teilnehmern mit der Traumdialog-Übung ergeht.

Alle Ereignisse stehen nachher als Audioaufnahme zur Verfügung. Der Träumer hat die Möglichkeit, sich auch später noch mit anderen und dem Gruppenleiter auszutauschen.

Sich auf professionelle Traumdialoge vorbereiten

Wenn Berater wenig Erfahrung im Anleiten von Traumdialogen haben, kann es nützlich sein, sich zuerst in kollegialen Situationen auf solche Gespräche vorzubereiten. Zwar lernen dann die Berater für ihre Beraterrolle, welche speziellen Perspektiven und Vorgehensweisen zu Träumen sich nahelegen (wir werden diese erst im nächsten Kapitel behandeln). Zunächst geht es aber noch nicht um solche Verfahren, sondern um ein Experimentieren mit spontanen Einfällen. Wenn auch an der Beraterrolle und an professioneller Erfahrung orientiert, praktizieren sie zunächst als Laien in Bezug auf Traumarbeit untereinander eine Diskurskultur kollegialen Lernens.

Wir stellen das Design für eine Traumübung vor, in der mit einer echten Traumerzählung eines Kollegen experimentiert werden soll, doch niemand soll den Träumer beraten. Dadurch sind die Kollegen als potentielle Berater zunächst von der Gesprächsführung entlastet. Jeder kann sich ganz darauf konzentrieren zu identifizieren, was sich in ihm konstelliert und welche Ideen für eine mögliche Beratung daraus erwachsen. Er kann seine Ideen über Verständnisse und Vorgehensweisen in Ruhe im Kollegenkreis entwerfen und erhält dazu Feedback und Empfehlungen.

Der Träumer darf anwesend sein und später als potentieller Klient seine Resonanzen mitteilen. Ausdrückliches Hauptziel dieser Übung ist es jedoch nicht, den Träumer zu beraten, sondern den Beratern einen Lernraum zur Verfügung zu stellen. Es ist also eine Designübung, in der jeder sein mögliches Vorgehen als Berater entwirft und dafür Resonanz bekommt. Er darf dabei ganz mit seiner möglichen Steuerung in einem solchen Dialog beschäftigt sein und hat dem Träumer gegenüber keine spezielle Verantwortung.

Wenn das Gespräch mit dem Träumer selbst geübt werden soll, nennen wir dies Beratungsübung. Dann bekommt der Träumer eine Beratung und der Berater Feedback für das gelebte Beratungsverhalten. Man kann die Designübungen und Beratungsübungen auch ineinander verschachteln. Zuerst die Designübung, dann eine versuchte Beratung.

Solche Varianten und die dahinterstehenden didaktischen Überlegungen für die Ausbildung von Beratern und anderen Professionellen können ganz unterschiedlich kombiniert, ergänzt, entwickelt und eingesetzt werden. Wir illustrieren exemplarisch einen Übungsablauf.

Ein Beratungsangebot entwickeln

Vierergruppen mit ABCD (bei Dreier- oder Fünfergruppen den Zeitrahmen anpassen)

1. Die Gruppe bestimmt, wer A, der Traumerzähler, ist. Sie klärt die Verantwortlichkeit für einen Design-gemäßen Ablauf und überprüft die Zeitgestaltung dieser Übung.
2. A erzählt eher kurz seinen Traum. B, C und D lassen den Traum auf sich wirken. Danach fragen sie klärend dort nach, wo sie das Gefühl haben, Näheres erfahren zu müssen. (10 Min) Ortsbegehung: B, C und D sollten sich eine Vorstellung vom Traumgeschehen machen können oder sich der Unklarheiten bewusst sein. Traumerinnerungen können nur begrenzt spezifisch gemacht werden. Fokus auf die Trauminszenierung und Erlebnisse *im* Traum, weniger Reaktionen *auf den* Traum (z. B.: Wie genau war die Szene am Anfang? Wo befand sich der Träumer? War die Gefahr im Traumgeschehen inszeniert oder eher eine Besorgnis einer Traumfigur? Was für ein Charakter war diese Traumfigur? Wie war die Stimmung beim Aufwachen? Etc.).
3. B, C und D besinnen sich in kurzer Einzelarbeit darauf, welche Wirklichkeit sich in ihnen durch die Traumerzählung konstelliert, welche alternativen Inszenierungen ihnen einfallen. (5 Min.) (Welche Stimmung entsteht? Wohin wird die Aufmerksamkeit gelenkt? Was berührt, scheint wichtig? Was fehlt? Welche Impulse zur alternativen oder weiterführenden Inszenierungen entstehen? In welche Richtung gehen diese? Welche Inszenierungsideen entstehen spontan? Bzw. umgekehrt: Auf welche Einschätzungen und Lösungsideen lassen Inszenierungseinfälle rückschließen?)
4. B, C und D unterhalten sich untereinander. B, C und D stellen nacheinander die Eindrücke und Einfälle ihrer Überlegungen vor. Sie fragen klärend nach, versuchen Zusammenhänge und Gestaltungsabsichten zu verstehen. Sie spiegeln auch, was diese Alternativinszenierungen in ihnen konstelliert und welche ergänzenden Impulse sie dazu wiederum haben. (3 mal 10 Min.)

A hört einfach zu, ohne einbezogen zu werden, lässt sich inspirieren, wählt freimütig, was ihn irgendwie anspricht, und lässt unberücksichtigt, was ihm nicht passend scheint.

5. A berichtet nun, was Eindrücke und die Lösungsideen von B, C und D bei ihm ausgelöst haben, wo er jetzt steht und in welche Richtungen seine eigenen Weiter- oder Neuinszenierungsideen nun gehen. B, C und D hören ohne Diskussion zu. (5 Min.)
6. A, B, C und D gehen nun auf die Metaebene und tauschen sich über den Übungsablauf und die dabei gemachten Erfahrungen aus. (10 Min.)
7. Eventuell: A, B, C und D verabreden, sich gegenseitig mitzuteilen, was im Nachklang zu dieser Übung als innere und äußere Inszenierungen zu beobachten war. Insbesondere könnte es interessant sein zu verfolgen, ob Folgeträume bei A die Arbeit aus dieser Übung aufzunehmen scheinen, und wenn ja, in welcher Weise.

IV. Systemische Arbeitsfiguren

Den Kontext einer Erzählsituation beleuchten

Nun gehen wir über zur Darstellung von Settings und Vorgehen, bei denen einzelne Dialogpartner eine führende Rolle übernehmen. Das bedeutet nicht automatisch, dass sie im Umgang mit Träumen erfahren sein müssen. Doch sie können als Frager und Dialogpartner einige speziell für Träume hilfreiche Vorgehensweisen und Fragefiguren nutzen, verstärkt durch passende Haltungen. Dabei gilt, dass die den Dialog leitenden Partner auf ihre spontanen Regungen und sonstigen Erfahrungen in Gesprächsführung zurückgreifen dürfen.

Die Grundfiguren im Arbeiten mit Träumen, die wir im Folgenden erläutern werden, können natürlich auch für den Umgang mit allen Berichten über persönliche Erlebnisse genutzt werden. Da für Träume oder solche Berichte fast immer nur begrenzt Zeit zur Verfügung steht, kann man nicht alle Perspektiven oder alle dafür geeigneten Arbeitsfiguren einbringen. Welche im Einzelfall genutzt werden sollen, kann aufgrund von Hinweisen aus der Situation entschieden werden. Meist geschieht dies intuitiv. Welche Intuitionen wach werden, hat wiederum mit Erfahrung und der Kenntnis von Möglichkeiten zu tun.

Gelegentlich ist es nützlich, zunächst die Erzählsituation näher zu beleuchten und etwas über die Motive zum Erzählen zu erfahren. Diese erwachsen manchmal eher der Erzählsituation als der Beziehung zum Traumerleben.

Beispiel: Was zur Traumerzählung bewegt
Dialogpartner: Du hast eben einen Traum erwähnt. Aber du hast kein deutliches Interesse bekundet, etwas mit deinem Traum zu machen. Habe ich das richtig wahrgenommen?
Klientin: Ja.

Dialogpartner: Nun lade ich dich ein, den Traum einzubringen.
Klientin: Ich wollte meinen Traum eigentlich schon einbringen, war mir aber nicht sicher. Ich wollte ihn einbringen, wenn genug Zeit und Platz da ist, weil ich denke, dass er spannend ist. Aber er hat mich nicht sehr bewegt. Ich hatte jetzt nicht das dringende Bedürfnis zu sagen, ich will da was klären. Ich kenne Träume, die mich sehr beschäftigen und über die ich sofort, wenn ich morgens aufwache, reden möchte. Das war hier nicht der Fall.
Dialogpartner: Du träumst also häufig und redest auch leicht darüber. Zum Anlass, um darüber zu reden, nimmst du meistens, wenn dich Szenen im Traum in der Weise bewegen, dass du sie klären willst.
Klientin: Ja.
Dialogpartner: Und weil das heute nicht so intensiv war, hast du keine starke Botschaft gesendet, dass du das hier gerne besprechen würdest.
Klientin: Ja, genau so.
Dialogpartner: Manchmal ist es auch interessant zu schauen, welche Inszenierungen uns zur Klärung bewegen. Vielleicht finden manche zu großes und andere zu wenig Interesse.
Klientin: Ja.
Dialogpartner: Dein gewohnter Starter wäre also: Du bist durch Szenen im Traum emotional bewegt und kannst sie nicht gut einordnen.
Klientin: Ja genau.
Dialogpartner: Hm, gut. Na dann berichte doch einfach mal.
Klientin: Ja. Ich habe geträumt, dass wir in ein Stadthaus mit einem wunderschönen Jugendstilambiente und einem wunderbaren Balkon umgezogen sind. Die Wohnung war im dritten oder vierten Stock. Sie war hell und freundlich und hatte Parkettfußböden. Sie war so, wie ich mir vorstellen kann, angenehm zu wohnen …

Soweit die Einladungsphase zu einem Traumgespräch, in dem spontan mögliche Muster der Wirklichkeitserzeugung und der Selbststeuerung als Spiegelungen angeboten werden.

Während Klienten dazu neigen, in den Traum oder gar in ihre Resonanz auf den Traum zu springen, tut der Berater gut daran, von »außen anzufangen« und zumindest für sich (die äußere Hülle der Zwiebel) die Wirklichkeitsgestaltung durch die ihm angebotene Traumerzählung zu betrachten.

Ein Träumer stellt sich mit seiner Erzählung anderen dar, gestaltet Beziehung. So ist es hilfreich, dem Aufmerksamkeit zu schenken, was der Träumer mit seiner Erzählung inszeniert.

Eventuell formuliert der Träumer Hinweise darauf, wie er den Umgang mit dem Traum angeht. Will er etwas Ausgefallenes probieren? Oder dem trauminteressierten Berater einen Gefallen tun? Richtet er seine Erzählung beispielsweise danach aus, was er über Traumdeutung weiß oder welches Verständnis er beim Gegenüber vermutet?

Beispiel: Aus einem Selbsterfahrungsseminar
Ein Klient, der gerade eine traumorientierte Psychoanalyse macht, erzählt an einem Morgen mehrere Träume, die mit großartiger Symbolik angereichert sind. Bald wird die Gruppe unruhig. Der Leiter lässt ihn jedoch alle Träume erzählen. Am Ende schaut der Klient den Leiter erwartungsvoll an. Ein Beziehungsdrama war in Szene gesetzt.
Dialogpartner: Und was macht dein Analytiker an dieser Stelle?
Klient grinst: Der müht sich ab und kommt nie durch.
Dialogpartner: Du lieferst das Material und er müht sich ab, kommt aber nicht durch.
Klient: So läuft es meistens.
Dialogpartner: Mit welchem Ergebnis?
Klient: Er ist irgendwie frustriert, sagt es aber nicht. Und ich komme damit nicht weiter.
Dialogpartner: Was würde weiterführen?
Klient: Wenn ich nicht schillernd in die Breite ginge, sondern selbst auswähle, was etwas bringt.

Das Gespräch über den Traum beginnt oft schon, bevor der Traum selbst erzählt wird, quasi als Offline-Bemerkung. Manchmal ist entscheidend, solche Metakommentare ernst zu nehmen und nicht unreflektiert dem Träumer in die Traumerzählung zu folgen. Es kann entscheidend sein, vorab schablonenhafte Vorverständnisse, mit denen der Träumer zu seinem Traum einlädt, zu beachten und gegebenenfalls zum Thema zu machen. Das betrifft seine Vorstellungen darüber, wie die Gesprächssituation über einen Traum zu steuern sei, ebenso wie die über die Inhalte.

Hat er beispielsweise von einem Baum geträumt und kommentiert »ein Baum bedeutet ja eigentlich …« oder hält er fest, »eigentlich interessiere ich mich nicht für Pflanzen«, kann man nachfragen: Wie wird das Erzählen über den Traum auf diese Weise gerahmt? Einiges von dem Potential, das der Traum zu bieten hat, ist durch eine solche Vorsortierung möglicherweise erst einmal verstellt, folgt man den Steuerungen des Träumers.

Beispiel: Metakommentare nutzen
Dialogpartner: Mir ist es wichtig genau hinzuschauen, nicht sofort in den Traum zu springen, sondern gerade auch den Rahmen hierfür zu betrachten. Bei dir habe ich vorhin gehört, dass es dir sehr entgegenkam, was ich gestern hier über Traumdeutung eingeführt habe. Du warst so inspiriert, dass du dachtest,»das ist es«, hast es neugierig aufgenommen, träumen zu können, und es dir zur Aufgabe gemacht, dich zu erinnern. Du hast dir in deinem Traum gesagt,»Mensch, merk es dir«, bist aufgewacht und hast dir den Trauminhalt laut vorerzählt, um ihn dir merken zu können. Am Ende warst du ganz stolz, dass diese Steuerung und der innere Dialog auch geklappt haben.
Klientin: Ja.
Dialogpartner: Wenn allein das schon dein Traum gewesen wäre, was würdest du sagen, wovon erzählt das, dass es heute Nacht so war?
Klientin: Von der Verarbeitung dessen, was ich hier erlebt habe, und dass ich das in solchen Situationen immer tue. Als ich das erste Mal bedient habe, bin ich die ganze Nacht mit dem Tablett herumgelaufen, auf einem Fließband. Als ich mit den Kindern in Istanbul war, bin ich nachts aufgewacht, auf den Hotelgang gegangen und wollte die Kinder zur Toilette bringen. Also mich bewegt das nachts in den Träumen immer sehr, was mich tagsüber auch bewegt.
Dialogpartner: Ist es ein dir vertrauter Wirklichkeitsstil, dass das auch nachts sehr nachwirkt und du sehr damit umgehst, wenn du in eine Welt mit Funktionen kommst, die Neuigkeitswert haben? Entsprechen solche Ereignisse deinem Stil?
Klientin: Das ist manchmal fast zu viel, so dass es mich stört nachts, dass es mich so beschäftigt, dass ich so nacharbeiten muss.
Dialogpartner: Meine Frage ist: Gibt es hier einen Unterschied zu sonst? Denn von heute Nacht hast du nicht berichtet, als würde es dich stören, sondern als wärst du beglückt, dass du sozusagen weiterarbeiten kannst in dieser Weise, während die Beispiele, die du jetzt genannt

hast, eher andeuten, als würdest du nicht abschalten können, so ein Nachdieseleffekt.
Klientin: Richtig, diesmal habe ich es bewusst gesteuert und habe es mir vorgenommen. Diesmal habe ich auch sehr gut geschlafen und konnte mich erinnern und war dabei gelassen.

Fokussierungen von Träumer und Zuhörer beleuchten

Der Träumer kann direkt nach einer Traumerzählung danach gefragt werden, wie er das Erzählte selbst versteht, wovon es seines Erachtens erzählt. Speziell bei längeren Traumerzählungen, die ohnehin nur selektiv Beachtung finden können, sollte man sich bewusst machen, welche Teile spontan Resonanz oder Interesse auslösen, einmal beim Traumerzähler, dann auch bei den Gesprächspartnern. Es kann verglichen werden: Wo kristallisiert sich das Interesse des Träumers? Wo das der Zuhörer? Wie passen das Spontaninteresse des Träumers und der Zuhörer zusammen? Wenn sie nicht zusammenpassen, was besagt der Unterschied?

Beispiel: Wie sich ein Träumer spontan auf den Traum bezieht
Eine Teilnehmerin berichtet von einem »Angsttraum«, der sie so oder ähnlich häufig fertigmache.

> *Klientin: Ich bin zu einer Art Festival eingeladen. Ich treffe am Eingang auf eine Gruppe Frauen, die mir unheimlich sind. Da liegt Zoff in der Luft: »Die machen dich fertig!« Dann sitze ich im Kreis mit anderen Frauen und es ist eine gelassene Stimmung. Da sind auch sympathische drunter, die sich sichtlich angeregt austauschen.*

Die Dialogpartner fragten sich, warum das alles als Angsttraum etikettiert wurde. Diese Fokussierung der Träumerin erscheint anderen wie eine Art Tunnelblick auf Zoff und Fertig-gemacht-Werden. Sie stellen bei sich eher Desinteresse daran fest. Es interessiert sie mehr, was es mit dem Festival auf sich hat, zu dem die Träumerin ja eingeladen ist. Sie halten zudem fest, dass tatsächlich nichts Brutales inszeniert ist, vielmehr auch eine anregende Gemeinschaft mit sympathischen Frauen zu finden ist. Allerdings sei nicht erkennbar, ob die Träumerin sich dafür interessiert oder etwas daraus machen will.

Erste Resonanzen
- Welche Resonanzen zeigt der Träumer auf den Traum?
- Welche Resonanzen löst die Traumerzählung bei den Dialogpartnern aus?
- Welche Wirklichkeiten könnten sich im Traum und in der Traumerzählung spiegeln?
- Welche Bezüge fallen dem Träumer und den Dialogpartnern zu der Traumerzählung ein?
- Wohin zieht es die Aufmerksamkeit der Träumerin, wohin die der Partner? Was erzählen die Unterschiede?
- Welchen Haltungen und Interessen können beobachtet werden?
- In welche Richtung könnte eine ergänzende Erfahrung, eine weitere Entwicklung gehen?

Suchprozesse auslösen

Wie bei allen narrativen Verfahren steht weniger im Vordergrund, bestimmte bekannte Ziele punktgenau zu erreichen, sondern vielmehr Festgefahrenes aufzubrechen. Ebenso wenig sollen Ergebnisse festgehalten und auf Schlussfolgerungen hin verdichtet werden. Vielmehr soll mehr verstanden, Begrenztheiten in Wirklichkeitsbezügen sollen geöffnet und Entwicklungsimpulse aktiviert werden. Auch Fokussierungen auf bestimmte Lebensbereiche sollen angeregt, nicht aber streng verfolgt werden, so dass unterschiedliche Ebenen vielschichtig zusammengeschaut werden können.

Daher stehen in der Regel am Anfang keine Vereinbarung über Themen oder Ziele und am Ende keine Ergebniszusammenfassung, schon gar nicht Umsetzungsverpflichtungen. Gemäß dem Diktum von Heinrich Böll »Fertige Dinge sind tote Dinge!« dürfen die Dinge offen, vieldeutig und unfertig gelassen werden. Dazu muss man manchmal ermutigen. Alles darf vorläufig sein und kann sich durch weitere bewusste und intuitive Suchprozesse verändern. Die hier vorgestellten

Arbeitsfiguren regeln also weniger das Was, sondern stattdessen eher das Wie. Wir schlagen also Vorgehensweisen vor, die den Rahmen für solche offenen Prozesse bilden können.

Ähnliches gilt für die Schrittfolgen und Vorgehensweisen in Beratungen. Ohne festzuzurren können mit Hilfe von methodischen Schritten Fokusebenen für das bewusste Fokussieren eingeführt werden. Fokussieren bedeutet, die Aufmerksamkeit in einem Gespräch auf bestimmte Aspekte von Wirklichkeit zu lenken.

Zu Assoziationen einladen

Zu allen Elementen des Traums können Assoziationen eingeladen werden. Je nach Rahmen und Gesprächszweck kann man sich auf Bedeutungsrahmen beschränken, die sich durch die Ideen der Beteiligten anbieten, oder eben auch aktiv ungewohnte Bedeutungsrahmen einführen, die die Beteiligten bei dieser Gelegenheit kennenlernen können.

Wenn in einem Traum beispielsweise etwas zusammengeschmolzen wird, kann der Träumer gefragt werden, ob es assoziative Bezüge zum Schmelzen in seinem Leben gibt. Dies ist eine Bedeutungsanreicherung durch Assoziationen aus der subjektiven Sphäre.

Man kann aber auch fragen, um was für einen Vorgang es sich beim Zusammenschmelzen handelt und welche Rolle er in Kulturen spielt. Hierbei kann man auf das Schmelzen als Verwandlungsprozess Bezug nehmen, etwa in der Evolution der Metallverarbeitung und ihren Folgen für die Zivilisation. Oder es kann auf Zusammenschmelzen in der Alchemie abgehoben werden. Die Verwandlung von Ausgangsstoffen zu etwas Neuem kann durchaus auch metaphysische Dimensionen zur Sprache bringen. Auf ein im Zusammenschmelzen repräsentiertes Grundprinzip (Vereinigung von Unterschiedlichem) abzuheben würde eine archetypische Betrachtung einführen. Nachfolgend kann erkundet werden, wo sich dieses Grundprinzip noch zeigt. Es kann im Kontrast zum Scheiden der Dinge herausgestellt werden.

Freilich sollte bedacht werden, dass in Traumdialogen Bedeutungsanreicherungen nicht dazu da sind, mit Einfallsreichtum oder Kulturwissen zu glänzen. Vielmehr dienen sie dazu, neue Verständnisse zu eröffnen und Kontexte zu kreieren, durch die die aktuelle Wirklichkeitserzeugung bereichert werden kann. Aus systemischer Sicht sollen solche Perspektiven und Kontexte geschaffen werden, in denen sich das Verstehen und Gestalten von Wirklichkeiten konstruktiv verändern kann.

Beispiel: Sich im Licht einer Zivilisationsentwicklung betrachten
Der Klient in einer Traumberatung ist auf der Suche nach seinem Stil. Er will statt einer als negativ erachteten technisch-sachlichen Persönlichkeitsorientierung eine mehr emotional-bezogene entwickeln. Er kommt mit schlechten Gefühlen einem aktuellen Traum gegenüber.

Klient: Ich war in meiner Hausbank. Der Betrieb wird aufrechterhalten, aber überall sind Wände und Böden aufgerissen. Alles Baustelle. Muss wohl ziemlich runtergekommen gewesen sein.
Dialogpartner: Was wird denn genau gemacht?
Klient: Es werden alle Kabel, auch Datenleitungen etc. unter Verputz gelegt.
Dialogpartner: Also eine Modernisierung? Das wäre doch ein Fortschritt!
Klient: So betrachtet eigentlich schon. Aber eine Bank!? Diese Geldausrichtung erschreckt mich.
Dialogpartner: Was für eine Funktion hat eine solche Bank in unserer Gesellschaft?
Klient: Sie sorgen für flexibles Wirtschaften als Drehscheibe für Zahlungsmittel. Sie helfen den einen, Vermögen zu verwalten, und stellen anderen, die was unternehmen wollen, aber noch Mittel dafür brauchen, diese zur Verfügung. Klar gibt es auch Missbrauch und Fehlentwicklungen, doch steht diese Bank eher für Solidität.
Dialogpartner: Angenommen, diese Bank repräsentiert einen Teil Ihrer Persönlichkeit und Ihres Wirtschaftens, dann wäre die Modernisierung eigentlich eine gute Nachricht, oder?
Klient: Na ja, wenn das dann alles funktioniert, ohne dass man dauernd die ganze Technik sieht, dann schon.

Bedeutungsanreicherungen sind Einladungen zu einem Doppeldialog. Der Berater fängt selbst an, in den inneren Dialog mit dem Traum zu treten, und lädt sein Gegenüber in diesen Dialog ein. Die Dialogpartner bilden so eine Studiengemeinschaft, um im Traum implizit vermutetes Wissen und mögliche Anregungen explizit für die Entwicklungen nutzbar zu machen.

Eine Traumerzählung vervollständigen

Meistens erzählt ein Träumer zuerst die Story, von der der Traum zu berichten scheint. Dabei fällt es auch oft schwer, den Inhalt eines Traums gänzlich ohne persönliche Kommentare und Vordeutungen zu schildern. Um der Gefahr zu entgehen, vorwiegend mit den gewohnten Interpretationsmustern des Träumers beschäftigt zu sein, um sich also so gut wie möglich dem Traumgeschehen zuwenden zu können, bietet es sich an, zunächst die Traumerzählung zu vervollständigen. Hierfür kann im Sinne der Kybernetik 2. Ordnung die Beobachterperspektive stark gemacht, der Träumer zu der Möglichkeit ermutigt werden zu beobachten und zu gestalten. Unabhängig davon, ob dies für das Verständnis der Traumerzählung gewinnbringend ist, ist die Übung im Unterscheiden zwischen Geschehnissen und Erleben für viele Menschen hilfreich.

Da nur über die Traumerzählung der Zugang zur Traumerinnerung und zum Traumgeschehen möglich ist, sollte der Träumer grundsätzlich gebeten werden, möglichst sorgfältig wiederzugeben, was er vom Traum erinnert, möglichst konkret und möglichst spezifisch. Alle weiteren Bedeutungsgebungen hängen davon ab.

Wenn Traumgeschehen in der Folge genauer betrachtet werden, erweist es sich meistens, dass im Traum mehr zu entdecken und zu verstehen ist, als man der spontanen Erzählung des Träumers entnehmen kann. Element für Element kann aufgesucht werden. Es kann immer wieder aufs Neue präzisiert werden: Was genau sieht man? Was hört man? Was fühlt man?

Vielleicht wird dabei hinzugedichtet. Doch könnte auch das aufschlussreich sein. Da letztlich wieder jeder Traumdialog eine neue Erzählung darstellt, muss man sich nicht übermäßig auf »Objektivität« trimmen. In der Praxis gehen eher Aspekte durch undeutliche oder verfälschende Schilderungen verloren als durch hinzuerfundene Beschreibungen.

Traumfragmente anreichern

Es gibt wohl kaum Träume, die für einen Dialog ungeeignet sind. Es spielt auch keine Rolle, ob ein Träumer lediglich Bruchteile seines Traums erinnert. Oftmals stehen uns auch mit der Traumerzählung erst einmal nur Fragmente zur Verfügung. Dann fangen wir normalerweise mit dem Dialog über ein einzelnes Element an und behandeln es wie ein Fragment. Ein Fragment ist ein Teil, das auf das Ganze verweist. Genau genommen liegen Traumgeschehen immer fragmentarisch vor.

Fragmente können um andere ergänzt, durch Einbettung in ihrer Bedeutung angereichert werden. Wir können Traumfragmente zu einer Collage zusammenstellen. Jedes Moment, jedes Element kann fokussiert, genauer betrachtet, entfaltet werden. Die aktuelle Collage wird durch Fragen nach weiteren Zusammenhängen möglicherweise ergänzt. Dabei kann die gezielte Ergänzung durch Bezüge zu vielen Wirklichkeiten und Welten versucht werden (dies wird unten ausführlicher behandelt). Auch kann man annehmen, dass die aktuelle Traumerinnerung nur ein Teil eines größeren Traumgeschehens ist. Vielleicht ist auf der Hauptbühne und auf nicht präsenten Neben- und Hinterbühnen noch vieles geschehen, das zur größeren Geschichte gehört.

In der Theatermetapher gesprochen kann der Traum als Ausschnitt eines permanenten Schauspiels, einer vielleicht lebenslangen Erzählung auf verschiedenen Bühnen betrachtet werden. Nur der Vorhang (vor der bewussten Aufmerksamkeit) bleibt oft geschlossen und der Träumer kennt daher nur ein zeitliches Fragment, für das es allerdings eine Vorgeschichte und eine Weiterführung geben könnte. Der Träumer kann dementsprechend nach einer möglichen Vorgeschichte gefragt werden: »Was könnte dem vorausgegangen sein, dass es dazu kam?« Oder nach einer Weiterführung der erinnerten Elemente: »Wie lässt sich das Traumgeschehen weitererzählen? Woraufhin ist es angelegt?« Oder es wird nach anderen Bühnen gefragt, auf denen Dinge geschehen, die vielleicht mit dem Traumfragment in Beziehung stehen.

▓▓▓ *Beispiel: Ein Fragment ausleuchten*
Klientin: Ich kann mich nicht mehr so richtig erinnern. Ich hatte von einem Haus geträumt ...
Dialogpartner: Ich kann Sie systematisch befragen. Sie müssen keine

Angst haben, dass Ihnen das Material ausgeht, dass Sie nicht genügend mitbringen … Wir können auf jeden Fall etwas Sinnvolles machen … Erfahrungsgemäß ist immer mehr da und immer geordneter, als wir es in einer ersten Erzählung präsentieren … Man kann die Traumelemente, soweit man sie zunächst weiß, wiedergeben, ohne getrieben zu werden … so kann man ausschöpfen, was an Klarheit da ist …
Klientin: Und nach diesem Traum bin ich besonders entspannt aufgewacht. Ich habe von einem Haus geträumt, mit verschiedenen Räumen, aber …
Dialogpartner: Ich möchte noch genauer nachfragen. Man kann aus einzelnen Eindrücken Informationen gewinnen, wenn man auf die Idee kommt, sie genauer zu befragen. Dabei muss es nicht den Druck geben, dass daraus etwas werden muss. Also, um was für ein Haus handelt es sich? Um ein Bürohaus?
Klientin: Das Haus hat mit meinem Arbeitsplatz zu tun. Aber es war ein großes, gradliniges Haus, Bauhausstil, ein Teil war mein Privates, ein Teil mein Arbeitsplatz. Beides war darin enthalten …

Mit verwirrenden Erzählungen umgehen

Die Konzentration auf das Traumgeschehen hilft auch bei der Verwirrung, die manchmal durch Traumerzählungen entsteht. Manchmal versteht man gar nicht, wovon der Träumer gerade spricht, über den Traum oder über etwas anderes. Er erzählt oft ohne eigenes Bewusstsein, eine Mixtur aus ganz verschiedenen Wirklichkeitsebenen breitet sich aus. Da wird das Erleben im Traum mit Assoziationen gemischt. Aktuelle Traumbilder werden mit solchen aus anderen Träumen oder sonstigen Erlebnissen verbunden. Berichte über Geschehnisse und Erleben im Traum werden mit Interpretationen und Schlussfolgerungen verknüpft.

Unklares Erzählverhalten kann grundsätzlich den Wirklichkeits- und Erzählstil des Träumers widerspiegeln. Oder es kann spezifisch für die Situation eines Traumdialogs, den spezifischen Erzählkontext, das besondere Traumthema oder dieses Traumgeschehen stehen. Um hierfür Hinweise zu erhalten und um klärend nachfragen zu können, ist ein genaues Hinhören ebenso so wichtig wie die Selbstbeobachtung, ob man als Zuhörer aus den Erzählungen eigene Rekonstruktionen eines möglichen Traumgeschehens machen kann. Generalisierungen beispielsweise zeigen an, dass gerade nicht zwischen Geschehen und Meinungen unterschieden wird, dass der Träumer vermutlich mehr von seinen Deutungsgewohnheiten erzählt als vom Traum.

Dennoch sollte man nicht zu sehr auf eine konkrete Ausgestaltung der Traumerzählung drängen, wenn die Trauminszenierung dies nicht hergibt. Da Träume auch surreale Inszenierungen sind, dürfen Elemente unkonkret oder unspezifisch bleiben. »Da sind Männer« kann eben auch ein schemenhaftes Bild, ein inneres Gefühl, eine Stimme aus dem Off oder sonst etwas sein. Gerade Dinge, die im Hintergrund stehen oder im Werden sind, sind oft auf solche Weise inszeniert.

Erinnerungs- und Erzählgewohnheiten ansprechen

Manchmal bietet es sich an, Eigenarten der Traumerzählung oder des Umgangs mit Erinnerungen und Eigeninterpretationen anzusprechen.

Nachdem die Traumerzählung vervollständigt wurde, können vielleicht auffällige Unterschiede zur ersten Schilderung festgestellt werden. Oder es zeigt sich, dass sich der Träumer leicht mehr konkrete Erinnerungen zugänglich machen kann, als er selbst es erst der Mühe wert und für relevant gehalten hatte. Wenn sich nach Ergänzungen den Dialogpartnern vieles in einem anderen Licht darstellt, kann es interessant sein zu untersuchen, ob dies auch dem Träumer auffällt und wie es seine Beachtung findet.

Welches Licht wirft der Umgang mit den Wirklichkeitsebenen am Beispiel des Traums auf seinen sonstigen Umgang mit Wirklichkeit? Welche Sprache benutzt der Träumer jeweils dabei? Sind seine Sprachgewohnheiten dazu geeignet, sich selbst über die eigene Wirklichkeit klar zu werden? Mit chronischen Übertreibungen kann man sich zum Beispiel nicht über das rechte Maß klar werden. Eignet sich seine Sprache, die eigenen Wirklichkeiten anderen angemessen zu vermitteln? Mit rein faktisch orientierten Beschreibungen können gefühlsmäßige Bedeutungen nicht vermittelt werden. Können durch die sich begegnenden Sprachen gemeinsame Ausgangswirklichkeiten hergestellt werden, als Ausgangsbasis auch für ko-kreative Prozesse?

Oft genügt ein bloßes Markieren von Auffälligkeiten. Der Träumer kann diese bei einer anderen Gelegenheit zum Thema machen oder sich sofort spezifisch ein Feedback holen. Werden die Gespräche aufgezeichnet, kann der Träumer sich alles unter solchen Gesichtspunkten noch einmal anhören, eventuell mit anderen zusammen, um deren Eindrücke mit zu verwerten.

Wenn sich ein Träumer im Traumdialog ganz analytisch und zielstrebig gibt, wenn er zum Weglassen von allem »Unnötigen« einlädt, um »zum Punkt zu kommen«, kann es besonders wichtig sein, zu bemerken, dass er gerade bei einem Traum bei Unbestimmtem verweilen und sich an seinem Gefühl orientieren kann, auch wenn inhaltlich Dinge noch ungeklärt sind. Denn das Unbestimmte zeigt an, dass sein Ich schon über ergänzende Bezüge zu Wirklichkeiten verfügt. So kann ihm gespiegelt werden, dass er diese anscheinend noch wenig oder nur in bestimmten Kontexten aktiviert.

Manchmal sollten solche Fragen im Traumdialog auch deshalb in den Vordergrund treten, damit sie eine weitere Besprechung des Traums nicht erschweren. Vielleicht ist eine solche Auseinandersetzung für den Umgang mit Wirklichkeit und Kooperation für den Träumer wichtiger als der aktuelle Traum.

Differenzen zwischen Traum und Erzählung klären
- Inwiefern spiegelt die Differenz zwischen dem Traumerleben und dem, was der Träumer vom Traumgeschehen erinnern kann, das gewohnte Wirklichkeitsstiftungsverhalten des Träumers?
- Was geht durch das Erzählen verloren? Was wird hinzugefügt? Welche Verwandlungen geschehen dadurch?
- Kommen solche Verwandlungen häufig vor? Mit welchen Folgen für den Träumer und seine Umwelt?
- Gibt es solche Verwandlungen auch in den Tagwelten des Träumers?
- Was wäre anders, wenn anderes aus dem Traumgeschehen aufgegriffen würde?
- Wie würde sich sein Erleben ändern?
- Was wären Gewinne und Verluste?
- Wie würden wichtige Andere darauf reagieren?

Deutungsgewohnheiten zum Thema machen

In der Besprechung einer Traumpräsentation begegnet man den Deutungsgewohnheiten des Träumers. Den gewohnheitsmäßigen Gewichtungen und Ablenkungen des Träumers etwas entgegenzusetzen kann eine Hilfe dafür sein, sich auf den aktuellen Traum und seine Besonderheiten zu konzentrieren.

Alles, eine jede Kleinigkeit im Traum kann im Dialog wichtig werden. Das, was durch die Erzählung des Träumers als nebensächlich erscheint, kann von anderen aufgegriffen und herausgestellt, und das, was er stark betont, in den Hintergrund gestellt werden. Hierbei ist schwierig zu unterscheiden, ob man die gewohnheitsmäßigen Verzerrungen durch die Traumerzählung infrage stellt oder bereits neue Inszenierungen vorschlägt. Daher kann es sinnvoll sein, die Deutungsgewohnheiten aller Beteiligten selbst zum Thema zu machen. Gerade Berater sollten sich bewusst machen, dass auch sie Deutungsgewohnheiten entwickelt haben, dass ihnen solche durch ihr professionelles Training oder die Sozialisation in einem Berufsfeld geradezu antrainiert wurden. Meist haben sie auch gelernt, Klienten in diese Wirklichkeiten einzubeziehen, oft ohne ein Bewusstsein dafür ausgebildet zu haben. Sind sich Berater ihrer eigenen Wirklichkeitserfindung nicht bewusst, kann die Gelegenheit versäumt werden, andere für den Träumer relevantere Deutungsrahmen zu adoptieren oder zu entwickeln. Auf diese Weise, im gewohnten Rahmen, kann es dann zwar durchaus gelingen, Plausibilität herzustellen. Aber es ist nicht die einzige, und vielleicht nicht die für den Träumer und die Situation wichtigste Weise, Wirklichkeit zu gestalten.

Die Inszenierungsebene einführen: Die Theatermetapher

Spontan erzählt ein Träumer eher selten, *wie* der Traum inszeniert ist. Um das Wie zu erfragen, können fiktive »Theatermacher im Hintergrund« als Gestalter des Traums eingeführt werden. Diese können dann dazu befragt werden, wie, was und warum etwas in der Trauminszenierung geschieht. Solche Arbeitsfiguren helfen, sich der Bedeutung der Trauminszenierung anzunähern. Dass Wirklichkeit nicht einfach hingenommen wird, sondern Gestaltungsprinzipien hineingelesen werden können, ist für Menschen, die Wirklichkeit gestalten wollen, eine gute Übung dafür, die Unterschiedlichkeit von Wirklichkeitsstilen zu entdecken und sie zu unterscheiden.

Mit der Einführung einer traumgestaltenden Instanz bietet man dem Erzähler an, nicht nur betroffen zu sein oder das Erleben verstehen zu wollen, sondern sich mit auf die Schöpferseite zu begeben. Er lernt, gleichzeitig Erlebender und Beobachter des Traums und seiner Inszenierung zu werden. Gerade bei bedrückenden Träumen hilft diese Perspektive, Distanz zu gewinnen und Gestaltungsmöglichkeiten zu sehen.

Solche Befragungen aus der Beobachterperspektive bringen zunächst eine genauere Beschreibung des Traumgeschehens. Zugleich kann herausgeschält werden, wie ein Traum inszeniert ist und ob durch das Augenmerk auf die Inszenierung eine zusätzliche Bedeutungsebene eröffnet werden kann.

Zur Erkundung eines Traums als Inszenierung kann man alle Fragen heranziehen, die jemand beantworten müsste, der diesen Traum als Theaterstück oder Film inszenieren soll. Inhaltliche Aspekte, der Ablauf, dramaturgische Aspekte und alle formalen Aspekte des Traums können so in den Blick genommen, die Struktur bedeutungsstiftender Inszenierungen kann studiert werden.

Zur Anleitung für den Träumer, die Beobachterperspektive einzunehmen und Inszenierungsfragen zu stellen, benutzen wir die Theatermetapher (Schmid, 2005d). Sie schließt in unseren Milieus leicht an ein kulturelles Wissen über Wirklichkeitsinszenierung an und kann systematisch dazu anleiten, die Anlagen und Besonderheiten des Traumgeschehens und der Wirklichkeitserzeugung des Träumers zu erfassen.

Sich beispielsweise mit einer Autorenabsicht, einem fiktiven Drehbuch oder mit der Aufgabe des Regisseurs zu identifizieren erlaubt, mögliche Gestaltungsideen des Traumtheaterstücks zu erkunden: »Was könnte der Autor beabsichtigt haben?«, »Was genau könnte zu diesem Element im Drehbuch stehen?«, »Was genau tut der Regisseur?«, »Welche Elemente setzt er ein?«, »Welche Abfolge gibt er vor?«

> **Die Theatermetapher nutzen**
> Nach den Traumelementen und ihrer Qualität fragen:
> ▸ *beschreibend*: Was genau sehen wir? Wie ist die Person, die Atmosphäre, der Ort, die Beziehung zu charakterisieren? Und wenn wir das als Film inszenieren würden, wo und wie würde die Einstellung gedreht werden? Wo ist die Kamera?
> ▸ *differenzierend*: Warum ist es so inszeniert und zum Beispiel nicht in dieser oder jener anderen Variante? Was will der Regisseur damit zeigen?

Nach den Traumelementen und ihrer Qualität fragen

Das sorgfältige Befragen mit Hilfe der Theatermetapher kann zur ausführlichen Betrachtung einzelner Traumelemente herangezogen werden. Einen Scheinwerfer auf bestimmte Elemente zu richten, aufmerksam auch zunächst unbedeutend erscheinende Elemente auszuspüren, konkret und spezifisch die einzelnen Szenen zu beschreiben führt dazu, den Traum als eine eigene Erzählinstanz zu begreifen.

Die Theatermetapher zu nutzen erlaubt, ein Licht auf Inszenierungsgewohnheiten des Träumers zu werfen oder auf Kontraste zu diesen aufmerksam zu werden. Je mehr man sich auf diese Momente konzentriert, desto mehr Material gewinnt man aus einem Traum. Denn die Differenz zwischen der ersten Traumerzählung und der Rekonstruktion des Traumgeschehens durch den Dialog steht grundsätzlich für diesen Unterschied. Sie zeigt an, dass die im Traum sprechende Instanz über die erste Erzählversion des Träumers hinaus Weiteres zur Verfügung stellt.

So kann erforscht werden: Warum wurde das im Traum so inszeniert und nicht anders? Warum wird ein siebensitziges Familienauto und nicht das Zweisitzer-Cabrio benutzt? Würde das Gleiche besagt, wenn der Mann lange Hosen statt Bermudashorts anhätte? Warum ist diese Figur unbestimmt oder warum tritt sie mehrfach auf?

Sich der Elemente, die ansonsten eher unbeachtet blieben, gewahr zu werden und Besonderheiten zu entdecken, die ihm sonst entgangen wären, können den Träumer darin unterstützen, nicht nur bezüglich einer Traumschilderung seine Wahrnehmungs- und Inszenierungsgewohnheiten zu überprüfen.

Kulturelle Bedeutung zur Anreicherung nutzen

Auch als Anstoß zu einer kulturellen Bedeutungsanreicherung werden einzelne Gestaltungselemente studiert. So kann beim genaueren Hinschauen zum Beispiel bemerkt werden, dass in einer Traumszene erst viele, dann drei, dann zwei unbekannte Männer im Raum sind. Dem Träumer selbst fällt ein solches Gestaltungselement nicht unbedingt auf, weil er zwischen verschiedenen Anzahlen zunächst keinen Unterschied macht. Deshalb würde er ein solches Detail vermutlich auch nicht erwähnen. In der Zahlensymbolik haben unterschiedliche Zahlen aber unterschiedliche Bedeutungen. Die sprach- und bildschöpfende Instanz des Traums könnte einen solchen Unterschied als Darstellungsmittel genutzt haben, weil sie um die symbolische Relevanz solcher Eigenschaften weiß. Deshalb ist es zuweilen förderlich, die genaue Gestaltung der Elemente herauszufinden.

Der Dialogpartner kann die Bedeutung solcher Details erfragen. Macht es einen Unterschied, ob die Traumfigur mit vielen oder genau drei oder zwei männlichen Figuren zu tun hat? Und wenn ja, welchen? Der Träumer kann aufmerken und nachspüren. Solche Fragen sind öfter der Anlass, sich mit Symboliken zu beschäftigen und so Kulturstudien zu betreiben.

Oder es mag nach den Tageszeiten oder Jahreszeiten gefragt werden. Denn kulturell transportieren diese Unterschiede, die für die Traumsituation wichtig sein könnten. Handelt es sich beispielsweise um eine Dämmerstimmung, so kann es wichtig sein, ob es sich um eine Morgen- oder um eine Abenddämmerung handelt. Wenn ein Vogel erscheint, kann es bedeutsam sein, ob dies ein Geier oder eine Eule ist. Vor den kulturellen Bedeutungsanreicherungen ist es jedoch ratsam, die persönlichen Assoziationen abzufragen, damit persönliche Bedeutungen nicht unnötig mit Kulturinterpretationen überformt werden.

Momente mit besonderer Bedeutung

Zur Förderung einer Traumdialog-Kultur ist es hilfreich zu wissen, dass besondere, einen Traum strukturierende Momente beachtet werden können. Zu diesen gehören Anfang und Schluss der Traumerinnerung, Inszenierungssprünge bzw. Szenen- oder Kulissenwechsel.

So kann man fragen, in welcher Ausgangsszenerie man sich »zu Beginn des Traums« befindet. Warum wurde gerade dort eingesetzt? Spiegelt das eine Ausgangssituation im Leben? Auf welche Vorgeschichte kann man daraus schließen?

Ähnliches gilt für die Stelle, an der der Traum »endet«. Spiegelt dies einen gegenwärtigen Stand? Auf was und auf welche Entwicklung hin ist die Schlussszene angelegt? Wie ist die Stimmung? Was weht davon ins Wachbewusstsein hinüber? Wie hinterlässt der Traum den Träumer? Wie versucht er sich zu beziehen? Die letzten Fragen verweisen bereits auf den Übergang ins Wachbewusstsein.

Szenenschnitte und Sprünge im Traum sind oft verwunderlich und erläuterungsbedürftig. Wenn Szenerien scheinbar nichts miteinander zu tun haben, gehen wir davon aus, dass es sich um verschiedene Themen oder Träume handelt. Dies entspricht unserer gewohnten horizontalen Sinnerzeugung, für die wir Kontinuität der Szenerien und Geschehnisse erwarten. Die Zusammenhänge werden in jeweils gleichen oder ähnlichen Szenen gesucht.

Wir erinnern deshalb daran, dass gerade im Traum Dinge zu surrealen Wirklichkeiten zusammengewürfelt werden. Diese geben erst dann Sinnzusammenhänge preis, wenn wir sie wie eine etwas verrückte Collage zu lesen versuchen. Sinnbezüge ergeben sich zwischen horizontalen und vertikalen Zusammenhängen über Szenerien und Wirklichkeitsebenen hinweg.

Dass Fortschritte in einer Entwicklung sich gerade nicht durch Entwicklung innerhalb der Szenerie, sondern durch den Sprung auf eine andere Ebene anzeigen, ist ebenfalls ungewohnt. Mit dieser Annahme an Traumcollagen heranzugehen wirft andere Fragen auf und führt zu anderen, ungewohnten Betrachtungen. Wenn zum Beispiel bei einer nächtlich häufigen Razzia eine Traumfigur nicht länger bereit ist, sich wieder und wieder zu verstecken, und daher entdeckt wird, kann an dieser Stelle die Szenerie wechseln. In der nächsten Szene ist vielleicht ein Geschwistertreffen anberaumt und jemand spricht endlich über ein Unrecht beim gemeinsamen Umgang mit dem Erbe. Auch hier reagiert der Träumer mit Angst, aber mehr noch mit Schuldgefühlen. Die Geschwister scheinen überraschend versöhnlich. Es scheint sich nun ein Ausgleich anbahnen zu können. – Wir überlassen es der Intuition der Leser, zwischen den vorgestellten Szenerien einen Zusammenhang herzustellen und vielleicht zu verstehen, warum die zweite als Folge der Entwicklung in der ersten angesehen werden kann.

Momente und Gestaltungselemente mit besonderer Bedeutung
- ▶ der Traumanfang (Szenerie, wenn der Vorhang aufgeht),
- ▶ das Traumende (Szenerie, wenn sich der Vorhang schließt),
- ▶ Ausblick am Ende des Traums (worauf hin scheint die Situation angelegt?),
- ▶ Stimmung beim Aufwachen und Nachwehen,
- ▶ sonstige auffällige Punkte *im* Traumgeschehen.

Wenn Szenen- oder Traumwechsel auftreten: Wie könnte trotz äußerer Unterschiedlichkeit ein Thema auf einer anderen Ebene weiterentwickelt werden?

V. Vertiefende Arbeitsfiguren, Beispiele und Erläuterungen

Die Kontextgenerierung zum Traumgeschehen einleiten

Traumdialoge können sehr unterschiedlich verlaufen. Traumdialoge sind komplex. Wir versuchen daher weniger, einem systematischen Aufbau zu folgen, sondern erlauben uns vertiefende Streiflichter aller Art.

In diesem Kapitel finden Sie Ausschnitte aus Traumdialogen mit Bernd Schmid. Sie stammen zum Teil aus früheren Jahren, in denen er noch als Psychotherapeut gearbeitet hat. In ihnen zeigen sich viele der dargestellten Herangehensweisen im Zusammenhang konkreter Gespräche. Auch die Beispiele werden nun komplexer und präziser zugleich. Sie zeigen, wie von Anfang an in verschiedenen Dimensionen Wirklichkeitsbegegnung stattfindet. Und bei mach weiterer Erläuterung handelt es sich um eine Vertiefung oder Ergänzung zu schon erwähnten Ideen.

Nicht nur eine Traumerzählung, auch ein Traumgeschehen ist kein isoliertes Phänomen. Folgen wir den vielfältigen Bezügen, in die ein Traumgeschehen eingebettet sein kann, generieren wir Kontexte für den Traum. Dazu wollen wir drei Ebenen der Kontextgenerierung unterscheiden (sie lassen sich durch weitere Ebenen ergänzen und weiter unterteilen):
1. die Bedeutung des Traumgeschehens in einem Erzählkontext,
2. die Situation der Traumentstehung und die Bezüge zum Lebensvollzug des Träumers,
3. das Traumgeschehen, sein Inhalt, seine Inszenierung und deren Bezugspunkte.

Auch das Kontextgenerieren stellt eine Nach- oder Weiterdichtung dar. Sie ist ein ko-kreativer Dialog zwischen dem Erzähler, dem Zuhörer und der im Traum sprechenden Instanz. Dabei bildet die schon vorhandene

Gesprächsbeziehung zwischen dem Erzähler und seinem Dialogpartner einen Kontext zur Traumerzählung (»Dieser Traum ist so eindrücklich, dass wir ihn in unsere Analysen meiner Karriereplanung einbeziehen müssen!«). Zugleich kreieren die Dialogpartner durch ihren Dialog mit dem Traum einen neuen Kontext an der Schnittstelle ihrer vorhandenen Beziehung, der möglichen Bedeutung des Traums und ihrer Art und Weise, mit einem Traum schöpferisch umzugehen (»So offen und vieldeutig und gleichzeitig so bewegend mit Ihnen zu sprechen, ist Neuland für mich!«).

Ein Träumer und seine Dialogpartner definieren folglich neue Kontexte für den Traum, etwa indem sie behaupten, dass diese oder jene Ereignisse im Zusammenhang mit dem Traum stehen könnten. Und manches Mal geschieht es in einem solchen Dialog, dass der Traum in seiner Bedeutung vorübergehend oder auch ganz in den Hintergrund tritt, während Kontexte in den Vordergrund treten und dazu einladen, entfaltet zu werden (»Ich hätte nicht gedacht, dass die gescheiterten Berufspläne meines Vaters solche Bedeutung für mich haben könnten!«).

Die Kontextgenerierung eines Traums ist dabei kein Selbstzweck. Sie dient als Brücke, um einen neuen Verstehens- und damit einen neuen Wirkungszusammenhang für den Träumer zu entwickeln. Dabei kann sich aus dem Gespräch heraus spontan ein neuer Kontext herausbilden oder aber er kann aktiv anvisiert werden, etwa um im Coaching einen Zusammenhang mit dem Berufsleben herzustellen.

Kontexthinweise einführen

Oft werden die Kontexte, zu denen der Traum in Bezug gesetzt werden kann, durch Elemente der Traumerzählung oder des Traumgeschehens selbst aufgerufen: »Das Hotel war wie damals auf unserer Hochzeitsreise.« Oder: »Da lagen seltsamerweise eine Schürze und ein Kochlöffel, wie ich sie von meiner Großmutter kenne.«

Daneben kann es sinnvoll sein, den Traumdialog systematisch auf weitere Zusammenhänge auszuweiten. Diese können zunächst probeweise eingeführt werden, um zu sehen, ob Bezüge plausibel und fruchtbar sein könnten. Dies mag zunächst willkürlich erscheinen. Doch bei näherer Betrachtung wird dabei nur bewusst getan, was ohnehin geschieht, nur eben meist unbewusst, weil selbstverständlich. In den meisten Psychotherapien wird je nach Schule Bezug zur Biographie und zu Erfahrungen mit nahen Bezugspersonen hergestellt. In einer Bildungsveranstaltung kann dies durch Bezug auf Lernerfahrungen und Lernbedürfnisse geschehen oder in einem Coaching durch Bezug auf Berufs- und Professionswelten.

Je nachdem, auf welche Welten Traumdialoge bezogen werden sollen, ist es auch sinnvoll, diese als Kontext hervorzuheben.

Interessanterweise lässt sich nicht nur die Art der Deutung, sondern auch die Art des Träumens durch Fokussierung der Traumbesprechung beeinflussen. So zeigt die Erfahrung, je öfter berufliche Fragen thematisiert werden, desto eher wird in beruflichen Szenerien geträumt bzw. bezieht der Träumer seine Träume auf die Berufswelt.

Beispiel: Mannschaftsspiel
Strategieklausur eines international agierenden Unternehmens. Es wird anhand von PowerPoint-Folien sachlich über Strategievarianten diskutiert. Der verantwortliche Manager, ein ehemaliger Fußballer, berichtet am Morgen des zweiten Tages folgenden Traum:
Klient: Ich spiele in einer Fußballmannschaft in einer noblen Halle, trage die Kapitänsbinde. Fremde Rhythmen erklingen. Es geht um den Klassenerhalt, vielleicht sogar um den Aufstieg. Doch dann ist alles wie auf unserem Kickplatz damals zu Hause. Alle sind aus meiner Klasse, kaum Stellungsspiel, eher hofft man auf Abstaubertore. So gewinnen wir nie.
Dialogpartner: Angenommen, der Traum erzählt nicht nur vom Fußball, sondern auch von der Aufstellung und dem Mannschaftsspiel hier: Wie könnte man dann den Traum verstehen?

Hieraus entwickelte sich ein Gespräch über die Aufstellung und die Spielanlage in der Strategiegruppe, über Abstimmungen im Team sowie über den Einsatz und die Qualifikation der Mitglieder. Der Manager brachte dabei seine Unzufriedenheit mit der Mannschaftsleistung als persönliche Konfrontation ein. Dann wurde über die Größe der Herausforderung und über notwendige Entwicklungen diskutiert.

Am nächsten Morgen berichtet der Manager von einem neuen Traum:

Es ist ein Wettbewerb auf der Wiese vor unserer Zentrale. Wir spielen als Auswahl aus unserem Unternehmen. Eher ältere Herren. Unser Trainer am Spielfeldrand wechselt jüngere ein, auch Frauen und zwei Asiaten. Ich bin skeptisch und es tut mir leid um die, die dafür rausmüssen. Es werden jetzt ungewöhnliche Kombinationen gespielt. Ich komme nicht mehr so richtig mit, bleibe eher in unserer Hälfte und fühle mich abgehängt. Der junge Trainer muntert mich auf und ich merke, dass wir in Schwung kommen.

Hier hat der Folgetraum den Berufskontext aufgenommen und mit der Fussballmetapher kombiniert. Die Metapher wird auch tagsüber genutzt, um über Veränderungen des Teams zu sprechen. Jüngere und Vertreter ausländischer Einheiten sollen einbezogen werden.

Kontextbezüge des Traumgeschehens einführen

Kontext *Zeitpunkt*: Wann wurde geträumt?
- Was war zur Zeit des Traums im Leben des Träumers los?
- Welche äußeren Ereignisse bzw. inneren Erlebnisse dieser Zeit spiegeln sich im Traum?
- Angenommen, der Traum wäre ein Kommentar zu oder eine Weitererzählung von diesen Erlebnissen, wovon erzählt er dann?

Kontext *Privatwelt* sowie *Traumdialog-Beziehung*
- Angenommen, es besteht ein Bezug zu Bühnen des Privatlebens, welcher?
- Angenommen, es besteht ein Zusammenhang zwischen Traumgeschehen und Traumdialog, also dem, was in der Beziehung der Traumdialogpartner geschieht, welcher wäre das?
- Sind die Bezüge zwischen einem Traum und den verschiedenen Lebenswelten sehr verschieden? Wenn ja, wovon erzählt das?

Kontext *Bühnen der Berufs- und Organisationswelt*
- Angenommen, es besteht ein Bezug zwischen dem Traumgeschehen und beruflichen Fragestellungen, welcher könnte das sein?
- Angenommen, es besteht ein Zusammenhang zwischen dem

Traum und der Situation im Unternehmen / im Partner- / Kundenunternehmen des Klienten, welcher könnte das sein?

Traumelemente, die auf Kontexte verweisen könnten
▸ Welche Orte, Requisiten, Personen, Stimmungen kommen im Traum vor?
▸ Sind Traumelemente aus anderen Zusammenhängen bekannt oder wecken sie Assoziationen zu anderen Zusammenhängen?
▸ Auf welche Welten, Zeiten, Themen verweist das Zitat eventuell?
▸ Angenommen, das Zitat wäre ein beabsichtigtes Ausdrucksmittel, was will der (Traum-)Regisseur damit ins Spiel bringen?

Neue Kontexte *entwickeln*
▸ Welche neuen Kontexte können den Traum befruchten?

Die Beobachterperspektive stark machen

Gelegentlich geschieht es in der Arbeit mit Träumen, wie potentiell in jeder anderen Beratung auch, dass die Erzählungen des Klienten so unverständlich sind, so dass man sich auf sehr unsicheres Terrain begeben würde, wenn man nachträglich versuchen würde, sich einen Reim darauf zu machen. Da ist es oft ratsam, sich möglichst früh über die Art der Kommunikation zu verständigen. Für den Berater kann es zudem notwendig werden, einigermaßen Anhaltspunkte zu der Realität, auf die sie sich bezieht, zu bekommen, er kann entsprechend nachfragen. Entfaltet sich die Beratung zunächst ohne ein Arbeitsbündnis auf der Metaebene, kann es schwierig werden, dies ohne Beziehungsspannungen nachzuholen.

Beispiel: Eine Art Besichtigung
Das folgende Beispiel stammt aus einem Traumgespräch zu Beginn eines Coaching. Die Klientin kommt mit ihrer freiberuflichen Tätigkeit »irgendwie nicht klar«. Sie wurde gebeten, möglichst schon einen Traum zum Erstgespräch mitzubringen. Sie brachte einen Traum aus der Nacht vor dem ersten Coachingtermin. Solche »Initialträume« werden in der Psychologie von C. G. Jung als besonders bedeutsam für die anstehende

Beratung angenommen. Gern hätte sich der Berater der Trauminszenierung selbst zugewandt, um eine Idee über die anstehenden Herausforderungen zu gewinnen. Die erste Schilderung war jedoch so verwirrend, dass der Traum noch einmal Schritt für Schritt durchgegangen werden sollte. Dies war notwendig, damit der Coach sich überhaupt ein Bild von den Traumgeschehnissen machen konnte. Gleichzeitig führten die Klärungsversuche im Umgang mit der Traumerzählung zu einer Konfrontation von Stilen der Wirklichkeitserzeugungen, was vermutlich schon eine Thematisierung des Coachinganliegens darstellte. Man hätte die Traumerzählung zwar wegen Unverständlichkeit auf sich beruhen lassen können, doch zeigte es sich im Folgenden, dass die Auseinandersetzung mit dieser Wirklichkeitserzeugung in gleicher Weise bei der Anliegenklärung und bei jedem »berührenden Thema« angestanden hätte.

Dialogpartner: Wenn wir uns den Traum als Theaterstück ansehen würden, was sieht man da, wenn der Vorhang aufgeht?
Klientin: Man sieht mich und das Haus, den Kollegen, die Menschen. Es geht durch die Räume.
Dialogpartner: Wie eine Art Besichtigung? (Klientin nickt.) Und es gibt Menschen …? (Klientin nickt.) Und wie sieht man diese?
Klientin: Undeutlich. Der Kollege ist Jurist.
Dialogpartner: Wie sahen Sie selbst die Menschen auf der Bühne? Als Mitspieler oder von außen? Wie sahen Sie sich selbst?
Klientin: Von außen, aber ich war auch drin!
Dialogpartner: Sie haben auch aus der Beobachterperspektive geträumt, nicht nur aus der Ich-Perspektive?
Klientin: … ich war sehr gerührt, emotional …
Dialogpartner: Etwas, das irgendwie auffällig an ihnen war? Das Alter? (Klientin zuckt die Achseln.) Am Gebäude? (Klientin zeigt Anzeichen von inneren Suchbewegungen.) Gibt es das so in der Außenwirklichkeit?
Klientin: Nein, ein Kulissenbau.
Dialogpartner: Was könnte die Wahl dieser Kulisse erzählen?
Klientin: Unser Gebäude ist vor zwei Jahren umgebaut worden. Ich wollte schon länger bauen, in meinen Privaträumen einen Praxisteil machen. Ich kann beides verbinden. Das war dann auch meines. Das war ein Gefühl.
Dialogpartner: Okay. Lassen Sie uns zunächst zum Traumbild zurück-

kehren, zum Juristen. Er ist der einzige definierte Mensch. Waren auch andere da?
Klientin: Ja.
Dialogpartner: Atmosphärisch? (Klientin nickt.) Kennen sie sich?
Klientin: Sie kennen sich.
Dialogpartner: Im lockeren Sinne eine Gemeinschaft? (Klientin nickt.) Der Kollege: Wenn ich im Theater eine Besetzung für ihn suchen würde, was für einen Typ bräuchte ich?
Klientin: Ein Jurist. Da fällt mir ein, er hat sich bei einem Kollegen im Raum versteckt, um mitzuverfolgen, wie dieser agiert. Es könnte ein Spion sein.
Dialogpartner: Was für eine Art von Mensch?
Klientin: Er ist sehr beliebt, ein guter Jurist. Er kann gut mit den Leuten, hat etwas Aggressives. Wenn man zu freundlich ist, wird er aggressiv, er braucht ein gutes Gegenüber. Ich glaube, dass er mich gut findet. Er hat dasselbe Autozeichen genommen wie ich.
Dialogpartner: Eher ein Freund im Traum?
Klientin: Das Verhältnis bleibt eher vage. Ich weiß, dass da was war, dass es ein ganz prägnanter Traum war, und es fällt mir nicht mehr ein, das Prägnante. Es hat mich doch so bewegt, was da war in dem Traum.
Dialogpartner: Ich merke, dass ich mich für alles Mögliche aus Ihrem Traum sehr interessiere, Sie aber aus meinen Fragen wenig machen. Ihr Interesse scheint durch etwas gebunden, was wir nicht erfahren.
Klientin: Ja, stimmt, danke. Das kenne ich auch sonst. Ja, dann sage ich, ich klebe mal wieder an was. Das, woran ich klebe, klärt sich nicht, aber ich bin auch für alles andere zu.

Deutungsgewohnheiten transformieren

Die Differenz zwischen der Nacherzählung eines Träumers und dem Traumgeschehen kommt dadurch zustande, dass ein Träumer beim Erzählen seinen Wahrnehmungs-, Bedeutungs- und Kommentierungsgewohnheiten folgt und deshalb einiges von dem übergeht, was im Traumgeschehen zu beobachten ist. Außerdem kann er in seinem Erzählen Dinge hinzufügen, die unbefangene Betrachter im Traumgeschehen nicht entdecken. Wie dies geschieht, kann durchaus ein

Licht darauf werfen, wie der Träumer auch andere Wirklichkeiten in sich darstellt.

Durch das nachfolgende genaue Erforschen der Traumszenen können einerseits das Traumgeschehen, andererseits die Erlebens- und Verhaltensmuster des Traumerzählers beleuchtet werden. In den Erzählungen eines Träumers lassen sich bisweilen die Schablonen heraushören, mit denen er sich, das Traumgeschehen ebenso wie sein Umfeld einschätzt. Wenn beispielsweise der Eindruck entsteht, dass jemand von sich immer wieder in derselben Formulierung erzählt, dieselben Erklärungsmuster für seine Lebensentwicklung bemüht, kann nachgefragt werden.

Auch hier kann genauer unterschieden werden. Ist diese Steuerung eine Sache des Erzählens, des Erinnerns, der Beziehungsgestaltung, des Verhältnisses zu sich selbst? Worauf muss zukünftig mehr Aufmerksamkeit gelegt werden, so dass der Träumer sein Spektrum von Handlungsvarianten öffnen und vergrößern kann? Manchmal sind diese Transformationsprozesse interessanter als der Inhalt des Traums.

Beispiel: Zu Ambitionen stehen

Es handelt sich im Folgenden um einen wiederkehrenden Traum einer Hochschullehrerin.

Klientin: Ich bin im Großen Hörsaal, soll dort vor versammelter Mannschaft einen großen Vortrag halten. Als ich mir überlege, was ich dazu weiß, fällt mir nichts ein und Panik befällt mich. Aber ich habe keine Alternative.

Dialogpartner: Und welche Instanzen in Ihnen verschreiben Ihnen diese etwas quälende Rosskur?

Klientin: Ja. Da ist eine Stimme: Du bist nicht theoretisch fundiert, nicht wissenschaftlich genug …! Das ist so wie meine innere Mutter, die streng war. Aber auf der anderen Seite wollte meine Mutter gar nicht, dass ich studiere …

Dialogpartner: Das hört sich wie eine geläufige Erklärung an. Ich habe kein Gefühl dafür, dass das weiterführen könnte.

Klientin: Gut, dass Sie das nochmals sagen, das will ich auch gar nicht. Alles wissen zu müssen, da könnte mir nichts passieren … Da ist so eine Instanz, so eine Lehrerinstanz in mir, die Lehrer müssen ja immer alles wissen …

Dialogpartner: Klingt auch wie eine Schablone aus Ihren Selbsterklärungen. Und Sie schildern sich auch eher als angstgetrieben. Ich würde gerne einmal probeweise, damit wir etwas danebensetzen können, sagen, in Ihnen steckt vielleicht auch ein unerlöster Ehrgeiz, etwas Allgemeingütigeres zu sagen zu haben ...
Klientin: Ja. Das ist schöner.
Dialogpartner: ... und für diesen Ehrgeiz haben Sie noch nicht so richtig das Maß und die Form gefunden.
Klientin: Ja ... ja ... das ist gut formuliert. Schablonen, das ist gut formuliert ...
Dialogpartner: ... und das ist ja ein anderes Thema, das ist nicht, ich bin bedrängt, von irgendeinem Über-Ich oder sonst was, sondern in mir gibt es eine Ambition, mit der ich mich noch nicht in ein gutes und produktives Verhältnis gesetzt habe. Und es ist Ihre Ambition, es sind nicht irgendwelche Instanzen, mit denen Sie ringen ...
Klientin: ... unbedingt ... das eröffnet andere Perspektiven.
Dialogpartner: Ich will dahin und was Großes tun. Es kann gelingen oder nicht, aber ich will das üben. Jetzt geht es um meine eigenen Ambitionen.

Schablonen überprüfen
- Spricht der Träumer gewohnheitsmäßig so über die Dinge und sich?
- Gibt es hierzu sogar etwas, das das Traumgeschehen mit seiner Inszenierung kommentiert?
- Spricht der Träumer von etwas anderem?
- Verrät er sogar etwas über die Ambitionen, die sich hinter der Schablone verbergen?

Mit Erzählgewohnheiten experimentieren

Zu oft konzentrieren sich Training, Selbsterfahrung und Beratung auf das Erzeugen neuer Erfahrungen und Kompetenzen. Ergänzend dazu ist es auch wichtig, neue Erzählgewohnheiten zu entwickeln.

Wie können neue Erfahrungen auch zu neuen Selbsterzählungen

führen? Die Selbsterzählungen entwickeln sich nicht immer mit diesen Entwicklungen mit. Manchmal bringen Menschen Erzählweisen dar, die eher problematisierende anstatt stärkenorientierte, frühere oder vorweggenommene künftige Seiten zeigen, anstatt die aktuellen Entwicklungen ausdrücken. Dann kann es wichtig sein, die Erzählweisen mit den Entwicklungen zu harmonisieren. Wir schauen anlässlich einer Trauminszenierung daher auch auf Erzählgewohnheiten und bieten dazu gelegentlich Kontraste an.

Beispiel: Das Positive erzählen
Dialogpartner: In deiner Traumerzählung hebst du mehr die Momente der Gefährdung hervor, selbst wenn diese die weitere Geschichte nicht wirklich prägen. Stattdessen könntest du den erlösenden Fortgang der Geschichte in den Vordergrund stellen.
Klientin: Ja, damit kann ich viel anfangen.
Dialogpartner: Angenommen, ich würde den Traum kontrastieren, ich würde sagen: Es ist ja nichts passiert. Lerne den Moment der Gefährdung in den Hintergrund zu stellen und den Moment des frohen Ausgangs des Festes im Vordergrund zu behalten. Mach besser dazu eine Geschichtsschreibung, anstatt eine Perlenkette von Gefährdungen zu deiner Geschichte zu machen. Wie würdest du auf so eine Empfehlung oder Anregung reagieren?
Klientin: Das ist mir nah. Es gab ja auch andere Momente im Traum. Bei der Erinnerung habe ich viel geschmunzelt, weil es mir mit dem Traum auch gut geht. Für mich ist neu zu sagen, ich nehme den Ausgang als Hauptfokus und nicht den Moment der Gefährdung. Das habe ich bisher umgekehrt gemacht. Ich hatte bei diesem und ähnlichen Träumen zwar auch die guten Gefühle, aber ich habe dann letztlich doch auf die Gefährdung geguckt, mit so einer analytischen Haltung: Was will mir das jetzt sagen?
Dialogpartner: Auf der anderen Seite könnte man sagen, wenn der Moment der Gefährdung im Traum nicht gewesen wäre, hättest du uns nicht angeboten, den Traum mitzuteilen.
Klientin: Ja, das ist so.
Dialogpartner: Man könnte also sagen, solange du bei diesem Inszenierungsstil bleibst, muss die Regisseurin einen Moment der Gefährdung einbauen, selbst wenn er für die Geschichte gar nicht wichtig

ist, um dich zu motivieren, sie zum Gegenstand von Kommunikation zu machen.
Klientin: Ja, das habe ich bislang überhaupt nicht differenziert und gesehen.

Die Differenz von Wirklichkeitsstilen nutzen

Die Erzählungen über den Traum und die Szenen darin können daraufhin befragt werden, welche Wirklichkeitsstile sie jeweils spiegeln. Aus dem Umgang mit Träumen kann man lernen, was der Wirklichkeitsstil, der im Traum angezeigt wird, für den Wirklichkeitsstil des Träumers im Tagbewusstsein heißen kann. Gleiches gilt für den Stil, wie der Träumer mit seinem Traum umgeht.

Die »inneren« und die »äußeren« Wirklichkeitsstile des Träumers können verglichen werden. Es können komplementäre Stile sein, so dass man versuchen kann, die beiden miteinander in Beziehung zu setzen, sie sogar zueinander passend zu machen. Dadurch kann ein größeres und bewusstes Spektrum an Wirklichkeitsstilen für den Träumer erarbeitet werden.

Es kann auch sein, dass ein Träumer anderen Wirklichkeitsstilen durch die Art der Inszenierung des Traums oder durch Begegnung mit anderen Figuren oder anderen Kulturen im Traum begegnet. Erst durch die Metaannahme, dass alles im Traum auch in ihm sein muss, weil es ja er ist, der träumt, kann vielleicht eine Annäherung an fremde oder auch beunruhigende Wirklichkeitsstile eingeleitet werden.

▌ *Beispiel: Sich mit Hippies anfreunden*
Ich (Bernd Schmid) war früher stark analytisch und kontrollierend unterwegs. In früheren Träumen bin ich öfter Menschen und Szenerien begegnet, die mir Angst machten und deren Nähe meinem Traum-Ich unangenehm war. Sie verkörperten sich zum Beispiel in Südländern oder singenden Hippies, die mir meine »teutonische Ordnung« durcheinanderbrachten und die ich daher ablehnte oder mied. Dennoch drängten sie immer wieder zu mir. Ich reagierte mit Angst und Abscheu, doch ließen sie nicht locker. Einmal wollte ich im Traum einen Bänkelsänger (vor unserem Haus in Heidelberg) mit einer Stange aus unserer Wohnung

verjagen. Doch er hängte sich einfach dran und fuhr Karussell, um mich dann begeistert zu umarmen. Obwohl ich meinte, mich ekeln zu müssen, stellte ich durchaus angenehme Reaktionen bei mir fest. Parallel dazu erlebte ich auf Kongressen immer wieder Francesco Varela, den chilenischen Wissenschaftler, der Erkenntnisbiologie mit großem Eros vortrug. So näherte ich mich den Seinsweisen und den Wirklichkeitsstilen solcher Figuren an. Im Traum verwandelten sie sich schließlich zum Beispiel in einen Tango-Tanzlehrer, der im Traum mein Bruder war. Seit ich mein Repertoire mit ihren Wirklichkeitsstilen ergänzt habe, sind solche Träume ausgeblieben.

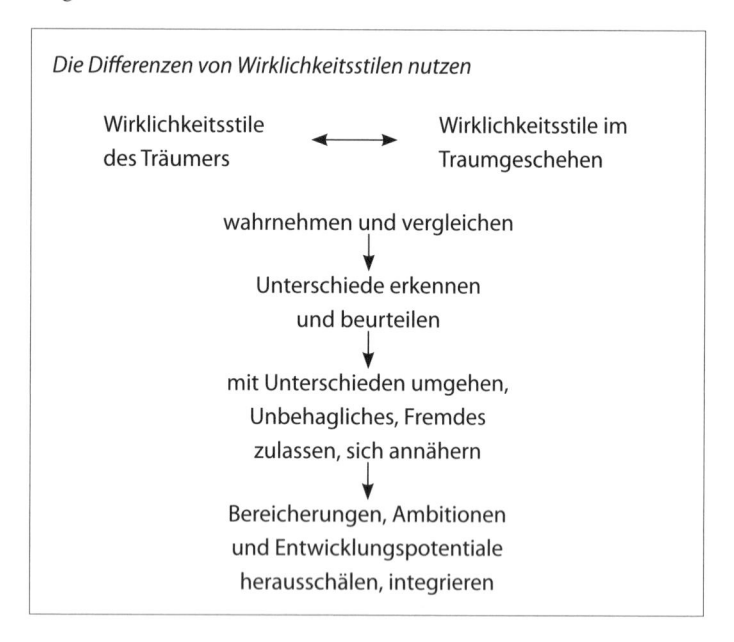

Die Differenzen von Wirklichkeitsstilen nutzen

| Wirklichkeitsstile des Träumers | ←——→ | Wirklichkeitsstile im Traumgeschehen |

wahrnehmen und vergleichen
↓
Unterschiede erkennen
und beurteilen
↓
mit Unterschieden umgehen,
Unbehagliches, Fremdes
zulassen, sich annähern
↓
Bereicherungen, Ambitionen
und Entwicklungspotentiale
herausschälen, integrieren

Wirklichkeitsstile weiterentwickeln

Wie oben ausgeführt gehen wir davon aus, dass nicht *nur* in einem Traum, aber *auch* in einem Traum Verhaltensweisen beobachtet werden können, die als unangepasst und daher als unannehmbar angesehen werden. Wir gehen an diese positiv mit der Frage heran, ob es sich dabei um Qualitäten, um einen Wirklichkeitsstil handeln könnte, der dazugehört, aber noch nicht zu angemessenen Formen oder zu einem guten Maß gefunden hat. Oft reagiert das Ich im Traum auf solche Begegnungen mit Angst und Ablehnung. Beim Versuch, sich solchen Begegnungen zu entziehen, entgeht einem aber die Chance, sich mit den darin bereitstehenden Qualitäten zu bereichern. Daher kann es sinnvoll sein, Wirklichkeitsstile nicht nur durch Kontrastierung zu identifizieren, sondern ausdrücklich für problematische Stile bessere Varianten zu entwerfen. Durch eine solche Zuwendung können diese sich auch im Traum entwickeln und für das Ich annehmbarer und letztlich integrierbar werden.

Beispiel: Angeberei kultivieren
Ein feinsinniger, aber sehr zurückhaltender Berater sucht Coaching, weil es ihm schlecht gelingt, bei größeren Auftraggebern Aufträge zu erlangen. Er findet aktives Marketing peinlich. Zu Beginn des Coachings träumt er:

> *Wir gehen durch eine Ausstellung, sind in fachkundige Gespräche über wertvolle Stiche vertieft. Da hören wir im Nebenraum über einen Lautsprecher erst schrille Musik und die Aufforderung, die Vernissage im »Hauptgebäude« zu besuchen. Wir sind dann schon dort und ein Herr auf Stelzen mit Zylinder verweist auf große Gemälde. Sie sind eher impressionistisch, eigentlich zu grell. Ich bin unangenehm berührt. Doch die Vernissage-Besucher scheinen interessiert und in Kauflaune.*

Der Bezug zum Coachinganliegen, zu den Szenerien mit Auftraggebern und eigenen Stilvarianten ließ sich im Gespräch relativ leicht und für den Klienten plausibel herstellen. Wie würde sich der Klient als der Stelzengänger fühlen? Welche Lautsprecherdurchsage würde er als passend versuchen? Wie hoch dürfen Stelzen sein, dass sie nicht peinlich sind und doch Sichtbarkeit bieten?

Am Ende konnte sich der Klient sehr viel besser mit Varianten von aufmerksamkeitsheischendem Auftreten anfreunden. Er konnte Varianten dazu entwickeln, welche Werke mit welcher Präsentation zu ihm und einem kauflustigen Publikum passen könnten. Ausgehend von solchen Szenerien experimentierten Berater und Klient mit Varianten zur Präsentation seiner selbst und seiner Produkte im Berufskontext.

> **Wirklichkeitsstile entwickeln**
> ▸ Wenn im Traumgeschehen ein bestimmter Inszenierungsstil stark vorherrscht, kann dem nachgegangen werden, wie dasselbe in einem ganz anderen Stil inszeniert werden könnte.
> ▸ Wenn das Traumgeschehen belanglos scheint, wie könnte es angereichert werden, damit es interessant wird?
> ▸ Wenn etwas unangepasst in Erscheinung tritt, welche angepasste Inszenierung gäbe es stattdessen?
> ▸ Wenn im Traumgeschehen Geschehnisse oder Personen ins übermäßig Schöne oder übermäßig Hässliche stilisiert sind, wie könnten gemäßigte, alltäglichen Dimensionen nähere Varianten davon aussehen?

Zu Wirklichkeitslogiken Kontraste bilden

Um eine Traumerzählung zu konfrontieren oder um ein Traumgeschehen zu schärfen, kann es hilfreich sein, bewusst und gezielt Kontraste zu ihnen zu erzeugen. Einen Kontrast anzubieten regt dazu an, Wirklichkeitslogiken zu thematisieren, die für die Beratung von Bedeutung sind. Manchmal wird durch das Experiment mit einem Kontrast der Wirklichkeitsstil des Träumers erst richtig fassbar.

Auch nach einer kontrastierenden Intervention kann der Dialog in unterschiedliche Richtungen weitergehen. Entweder kann mit der Rekonstruktion der Dramaturgie der Traumerzählung weitergearbeitet werden, mit dem Traumerleben oder aber die Beziehung zwischen den Gesprächspartnern kann entwickelt werden.

Beispiel: Dramatunnel
Dialogpartner: Ich möchte Ihnen spiegeln, wie Sie den Traum erzählt haben. Sie haben die Erzählung mit Ihrer Sorge aufgehört, dass Sie sich um Ihre Sachen kümmern müssen. Nur durch mein Nachfragen habe ich erfahren, dass es jetzt eigentlich erst richtig losgeht. Erzählt die Art

und Weise, wie sie Ihren Traum erzählen, etwas von Ihren sonstigen Verarbeitungsmechanismen?
Klientin: Ja.
Dialogpartner: In Ihrer Erzählung heben Sie die vermeintliche Abstrusität der Situation und das Erwachen einer Sorge sehr hervor. Sie haben erst einmal nicht erzählt, dass sich diese als belanglos herausgestellt hat und es dann erst richtig losging. Wenn ich nun zu Ihrer Erzählstrategie beginne einen Kontrast zu bilden, dann hätten Sie auch erzählen können: Ich hatte am Anfang eine Irritation, die hat sich schnell als unbedeutend herausgestellt, und dann war der Weg frei für das Erkunden einer reichen Welt … Ist das Erstere Ihr Stil?
Klientin: Ja, das kenn ich, ich bin da nie rausgekommen, ich sehe immer das Drama. Ich neige dazu, die Dinge zu dramatisieren.
Dialogpartner: In Ihren Erzählungen kommen emotionale Qualitäten in den Vordergrund, die sich für die weitere Entwicklung als gegenstandslos erweisen. Der Rest verliert die Aufmerksamkeit.
Klientin: Mhm …
Dialogpartner: Das ist ein wichtiges Metamuster. Wenn sie so weitererzählen, kann man endlos Therapie machen, weil immer ein Drama im Vordergrund ist und der Blick auf die Weiterentwicklung verstellt bleibt … Und wenn der andere mit Ihrem Fokus geht, wird es unproduktiv. Manche Dinge entpuppen sich erst, wenn man die Aufmerksamkeit darauf lenkt, man muss nicht sofort verstehen. Man kann auch eine Alternative aufbauen und schauen, was dann passiert.
Klientin: Ich habe schon so gute Sachen erlebt, aber ich habe immer Angst davor …
Dialogpartner: Wenn man die Sorgen in den Vordergrund stellt, geht der Blick für Entwicklungen verloren. Das war jetzt ein Metakommentar. Jetzt können wir wieder mit dem Traumgeschehen weitermachen …

Kontraste bilden
Im Traumdialog können gezielt Kontraste angeboten werden. Dadurch können neue Bedeutungen und Anstöße aufscheinen.
▶ Repräsentiert der Traum eher gewohnte Erlebnisse / Betrachtungen des Träumers?

▶ Entsprechen die Geschehnisse im Traum den Darstellungen / Hervorhebungen in der Traumerzählung?
▶ Wo deuten sich Kontraste zu vertrauten Erfahrungen an? Wie würden diese sich entfalten?
▶ Passen Spontaninteresse des Träumers und des Zuhörers zusammen? Wie lässt sich aus dem Unterschied ein Kontrast aufbauen?
▶ Wie kann der Kontrast so eingesetzt werden, dass er wesentliche Erkenntnisse vorantreibt?

Eine Auswahl fokussieren und vereinbaren

In diesem Buch werden viele Perspektiven geboten, aus denen man die Komplexität einer Traumbesprechung anreichern kann. Zu Übungszwecken mag es auch sinnvoll sein, diese durchzuspielen, um sie besser zu verstehen und dazu geeignetes Beraterverhalten zu entwickeln. Doch in der Praxis muss je nach Situation ausgewählt werden, worauf man sich in der verfügbaren Zeit und mit den verfügbaren Möglichkeiten beschränken kann und will. »Systemisch« darf nicht hemmungslose Komplexitätserhöhung bedeuten, sondern soll im Angesicht der Vielfalt sinnvolle Komplexitätsreduktion ermöglichen. Dazu ist es hilfreich, viele Varianten und Arbeitsfiguren zu kennen. Je mehr Erfahrung der Berater mit ihnen gesammelt hat, desto eher übernimmt eine dadurch geschulte Intuition die Aufmerksamkeitsfokussierung und stellt aus dem eigenen Repertoire passende Arbeitsideen bereit.

Oft haben wir es mit einer Fülle zu tun, die den Rahmen sprengen würde, oder es entstehen so viele plausible Fokussierungsmöglichkeiten, dass die Auswahl schwerfällt.

Hier bieten sich komplexitätsreduzierende Metafiguren an. Wenn der Träumer von vornherein eine Menge von Träumen anbietet, kann man ihn bitten, intuitiv eine Auswahl zu treffen und nur diese(n) zu besprechen. Danach kann man einladen, selbst Bezüge zu den anderen Träumen herzustellen. Oder man nimmt von einer Serie nur die erste und die letzte Traumszene und vergleicht dann beide auf eine Entwicklung hin.

Bei vielen Träumen oder langen Erzählungen kann man den Träumer auch bitten, für eine Auswahl die Metapher eines automatischen

Markers zu benutzen, oder die Intuition einladen, etwas möglichst Bedeutsames auszuwählen. Man kann dann solche Markierungen mit denen des Beraters oder anderer Dialogpartner abgleichen.

Auch kann der Berater auswählen, was ihn anspricht und was intuitiv zur Situation, zum Fokus des Gesprächs oder zu den Welten passt, für die Bezüge hergestellt werden sollen. Der Traumdialog als gemeinsam erzählte Geschichte ist ohnehin durch solche (oft unbewusste) Entscheidungen aller Beteiligten geprägt.

Träume sind ohnehin Fragmente und unterliegen per se Selektionen aller Art. Daher ist eine weitere Selektion zu praktischen Zwecken, aber auch um gute Selektionen zu lernen, durchaus plausibel. Natürlich gelingt dies umso besser, je besser sich alle Dialogpartner kennen und je mehr eine Kommunikationskultur aufgebaut ist, die sinnvolle und kreative Selektionen nahelegt.

Hierzu ist wichtig, dass die Dialogpartner bei allen sonstigen Erfahrungsunterschieden auf einer Metaebene ein vertrauensvolles Arbeitsbündnis entwickeln. Dann lernt der Träumer Verantwortung für die Steuerung des Umgangs mit (Traum-)Wirklichkeiten mit zu übernehmen und sich abzustimmen. Zur Begegnung auf Augenhöhe gehört, dass alle Seiten ihre Ansichten und Erfahrungen gleichberechtigt einbringen. Wenn ein Berater glaubt, mit den Angeboten des Träumers nicht arbeiten zu können oder zu wollen, kann er ihm dies freimütig mitteilen und erklären, warum. Er kann stattdessen aktive Vorschläge und Angebote machen, die anzunehmen der Träumer frei ist. Im Sinne Luhmanns bleibt eine doppelte Kontingenz bewahrt. Jeder weiß, dass er auch Alternativen hat und sich nicht den Vorstellungen seiner Gegenüber unterwerfen muss.

Konkret und spezifisch werden

Je nach vereinbarter Gesprächszeit und nach Erinnerungsvermögen des Träumers liegt es nahe, mit dem Anfang des Traums zu beginnen und von diesem her kontinuierlich fortzuschreiten. Die einzelnen Traumelemente werden gesammelt und nach und nach abgeschritten. Einzelne Deutungen und Überprüfungen lassen sich anregen bis hin zu dem Zeitpunkt, an dem der Traum zu Ende ist, einfach abbricht oder der Vorhang wieder fällt.

Auch wenn ein Träumer keine kontinuierliche Geschichte erzählen kann, kann immer dort, wo seine Erinnerung einsetzt, das Erinnerte näher beschaut und differenziert werden. Dort ist der Zugang zur Schau des Geträumten.

Beispiel: Am Hafen
Das folgende Beispiel zeigt eine Klientin, die zum Weitererzählen neigt, bevor die Wirklichkeit, von der gemeinsam ausgegangen werden soll, verständlich geworden ist. Sie lässt sich aber relativ leicht für konkretes und spezifisches Vergegenwärtigen der Szenerie gewinnen. Ob dies nur notwendig ist, damit sich die Dialogpartner den Traum vorstellen können, oder ob dies schon eine bedeutsame Ergänzung ihres Erzähl- oder Erinnerungsstils ist, weiß man an dieser Stelle noch nicht.

Dialogpartner: Wenn der Vorhang aufgeht oder der Film beginnt – was finden wir da vor im Traum?
Klientin: Im Traum finden wir … die Anlegestelle, die Schiffe, ich höre, wie die Stahlseile aneinanderschlagen … ich gehe da …
Dialogpartner: Bevor Sie gehen, wo sind Sie? Stellen Sie sich vor, ich muss das für ein Theaterstück oder einen Film inszenieren.
Klientin: Ich komme vom Land, stehe auf einem Holzsteg …
Dialogpartner: Sie blicken aufs Meer? (Klientin nickt.) Was sehen Sie da?
Klientin: Große Boote, teure Boote. Nicht protzig …
Dialogpartner: Welche Boote, Fischerboote?
Klientin: Segler, Urlaubsboote. Ich bin überrascht, weil sie so groß sind … Wieso sind sie überdacht? Sie werden bewacht. Sie können nicht hinaussegeln. Die Leute haben sich ein Stück mehr abgeschlossen …
Dialogpartner: Einen Moment, noch nicht kommentieren, wir sind noch auf der Bühne und sehen uns erst einmal alles genau an. Weiß man noch etwas über die Tageszeit?
Klientin: Es ist später Nachmittag. Warum bin ich eigentlich dort?
Dialogpartner: Sie neigen dazu zu erzählen, was Sie dabei denken. Ich weiß aber noch nicht, mit welcher Szenerie wir es zu tun haben: Gibt es da weitere Menschen?
Klientin: Nein, außer einem Wächter. Es passiert nichts.
Dialogpartner: Es wirkt eher statisch …

Klientin: ... dass man aufpassen muss ... Ich muss auf mein Gepäck aufpassen.
Dialogpartner: Wie ist das inszeniert?
Klientin: Es ist so ein Gefühl in mir.
Dialogpartner: Wie geht es dann weiter?

Zukunftsorientierung im Traum

Auch ein Traumende vermag etwas Besonderes zu sagen. Wir können den Träumer fragen: Mit dem Schlussbild, wohin entwickelt sich der Traumfilm? Woraufhin ist der Traum ausgelegt? Womit endet der Traum? Wie war genau die Atmosphäre in der Endszene?

Sich dem Traumende zuzuwenden bietet die Möglichkeit, den schöpferischen Dialog mit einem Thema zu einem Abschluss zu bringen. Durch die Auseinandersetzung mit der genauen Gestaltung der Schlussszene kann ein Traumdialog die Möglichkeiten erschließen, die das Traumgeschehen in Aussicht stellt. Die Zukunft, auf die das Ende verweisen könnte, kann angesprochen werden.

Aber es ist auch grundsätzlich lohnend, das Traumende im Auge zu behalten, wenn der Träumer in seiner ersten Nacherzählung den Schluss miterzählt, dann aber mit seiner Aufmerksamkeit an vorausgehenden Momenten hängenbleibt. Deshalb kann die Aufmerksamkeit für das Traumende ein wichtiges Korrektiv zu den Aufmerksamkeitsgewohnheiten des Träumers sein. Die Schlussszene kann etwas in Aussicht stellen, hinter dem zurückzubleiben ein Verlust wäre.

So kann danach gefragt werden, was die Drehbuchautoren und der Regisseur mit der letzten Szene erzählen und auf was sie damit vorbereiten könnte. Inwiefern weist das, das insbesondere am Traumende dargestellt ist, über den Traum und die darin dargestellten Geschehnisse hinaus? Welche Möglichkeiten legt dieses Ende nahe? Welche eröffnet es für die Zukunft?

Zum Traumgeschehen davor können die dargestellten Spannungen als überwunden, als Retrospektive eingebracht und emotional gewürdigt werden. Dann ist es wichtig, diese nicht als aktuelle Themen zu fokussieren, weil der Träumer damit in sich auflösenden Problemen festgehalten würde. Dies ist dann besonders angebracht, wenn ein Träumer wenig gewohnt ist, die Unbestimmtheit neuer Entwicklungen auszuhalten, und eher bei alten Geschichten Orientierung sucht.

Beispiel: Das Fest ist vorbei!
Klientin: Wir gingen dann ins Treppenhaus und da hörten wir eine Lautsprecherdurchsage, die sagte: »Meine Damen und Herren, ich bitte Sie, in diesem Treppenhaus darf nicht geraucht werden. Ganz oben wohnt ein Mann, der Asthma hat, der Rauch legt sich auf seine Lungen.« Dafür hatten wir Verständnis und alle sind langsam, aber sicher aus dem Treppenhaus hinausgegangen.
Dialogpartner: Wohin?
Klientin: Auf die Straße.
Dialogpartner: Sie haben das Haus verlassen?
Klientin: Ja.
Dialogpartner: Hm, und da endet jetzt die Erinnerung an den Traum?
Klientin: Ja.
Dialogpartner: Ah, ja. Wie ist denn die Atmosphäre in dieser Endszene?
Klientin: Hm, es tat uns leid, dass wir nicht bedacht haben, dass unser Ausbreiten auch störend sein könnte. Es war dann ganz in Ordnung, dass wir uns jetzt auflösten. Es war wie eine Bewegung von innen nach außen. Wir trafen uns auf der Straße und lösten uns auf. Ich kenne das auch von früher, von Straßenfesten, dass man mit einem guten Gefühl geht.
Dialogpartner: Ah, ja. Das Fest ist vorbei.
Klientin: Ja so.
Dialogpartner: Ein neuer Abschnitt beginnt.
Klientin: Ja.
Dialogpartner: Wenn man jetzt mal von außen guckt, wie die Drehbuchautorin und die Regisseurin das inszeniert haben, was wollten sie erzählen? Wovon wollten sie berichten? Worauf wollten sie hinweisen? Haben Sie dazu Einfälle?
Klientin: Ich kann sogar einen direkten Anlass benennen. Am Wochenende gingen wir seit ewigen Zeiten mal wieder in den Voltaire Club. Dort haben wir genau die Leute aus alten Studienzeiten getroffen, die wir seit Jahren nicht gesehen hatten. Da wurden Wünsche und Sehnsüchte aktualisiert. Wir hatten Wünsche, zusammenzuziehen, und dann bleibt doch die Kleinfamilie. Ich denke, da wurde der Abschied von Vergangenem in Szene gesetzt.

Dialogpartner: Durchaus ein versöhnlicher Abschied.
Klientin: Ja.
Dialogpartner: Wie wird wohl die Zeit danach anders sein? ...

Das Traumgeschehen und die Spiegelung aktueller Erfahrung

Häufig kann man das Traumgeschehen als Spiegelung der aktuellen Lebenserfahrung und ihrer Verarbeitung verstehen. Das geht mit Ansichten der Schlafforschung einher, dass im Schlaf die Tagesereignisse gesichtet und bewertet werden und entschieden wird, was davon im Langzeitgedächtnis abgespeichert wird. In einem entsprechenden Traumdialog kann dies symbolisch und sprachlich begleitet werden.

Beispiel: Heinzelmännchen besonderer Art
Der folgende Traum stammt aus der Morgenrunde einer Weiterbildungsgruppe, in der geleitete Phantasien mit Tranceinduktion als fokussierte Lehrmethode genutzt wurden. Für manche Weiterbildungsteilnehmer wie für die Träumerin stellte dies eine eher ungewohnte Zugangsweise dar. Auch die Offenheit gegenüber sehr persönlichen Themen des Privatlebens, die sich ohne Drängen wie selbstverständlich einstellt, war ungewohnt.
Klientin: Ich lag sowohl in Wirklichkeit als auch im Traum in einem Bett im Hotel (am Ort der Weiterbildung) und schlief. Das Zimmer war abgedunkelt. Im Traum kamen dann Gestalten in das Zimmer. Ich hielt sie für Hauspersonal, also Putzfrauen und Hausdiener. Sie waren schwarz angezogen. Sie waren sehr leise und zurückhaltend, als wollten sie mich nicht stören. Sie begannen in dem Zimmer die Möbel umzustellen. Sie haben die Möbel zusammengestellt und gestapelt, als wollten sie renovieren oder anstreichen. Davon bin ich halb aufgewacht. Das Ganze ist zwei- oder dreimal passiert: Ich bin halb aufgewacht, hielt dann inne und dachte: Halt, Moment, was ist denn hier los; träumst du oder bist du wach?
   Ich weiß nicht, ob ich mit diesen Gestalten im Traum Kontakt aufgenommen habe, ob ich im Traum gesagt habe: »Was macht ihr hier?« Vielleicht habe ich auch nur durch das langsame Wachwerden

gemerkt, dass die gar nicht da waren. Aber immer wenn ich so weit war, dass ich dachte, so, jetzt kannst du weiterschlafen, ist ja alles Blödsinn, da merkte ich, wie im Spiegel, der gegenüber von meinem Bett stand, langsam wieder Bewegungen losgingen. Ich hatte sie also nur auf den ersten Blick verscheucht. Das Ganze wiederholte sich zwei- oder dreimal. Ich bin dann wieder eingeschlafen, habe aber auch auf die Uhr geschaut. Mit einer Stunde Abstand kamen die Gestalten immer wieder ins Zimmer.
Dialogpartner: Hast du irgendeine Idee, wovon das erzählt? Gibt es etwas, was du gestern erlebt hast oder was du mit deinem gegenwärtigen Lebenskontext verbindest?
Klientin: Ich denke schon, dass da ein Bezug zum gestrigen Tag ist, diese Gruppe betreffend, die dringt ja im Traum auch in mein Leben ein, in meine Privatsphäre, in mein Zimmer.
Dialogpartner: Ja.
Klientin: Sie dringt auch nicht so ein, dass sie sagt, so, hier sind wir, wir wollen jetzt und mach, sondern das geht fließend.
Dialogpartner: Das heißt, du setzt dich einer Beeinflussung aus, ohne an jeder Stelle danach gefragt zu werden, ob du das auch willst?
Klientin: Ja, das auch, aber ich meine, ich habe mich im Traum auch nicht dagegen gewehrt, ich habe mich nur gewundert.

Hier schloss sich ein Gespräch über die schleichenden Veränderungen aller Art an, die durch die Weiterbildung ausgelöst werden. Auch darüber wurde gesprochen, welche Haltung die Teilnehmerin dazu finden kann. Dafür spielte das Hin- und Herpendeln zwischen Wachheit, bewusster Entscheidung und eher neuen Erfahrungen wie intuitivem Aufnehmen und Geschehenlassen eine wichtige Rolle.

Lebensherausforderungen in Beziehung setzen

Auch im Umgang mit Träumen kann ein Träumer in Gewohnheiten verharren, obwohl er über andere Möglichkeiten verfügt.
Für solche Vergleiche ist es förderlich, den Umgang mit Schlüsselträumen näher zu erkunden und zu fragen, wie dieser sich auf die Bewältigung von Entwicklungsaufgaben auswirkt. Dabei darf man sich

nicht nur von den Bewertungen des Träumers leiten lassen. Dieser hält manchmal geradezu nostalgisch an beeindruckenden Träumen fest, womit der Blick für andere Dimensionen verstellt bleiben kann. Will man hier Transformationsprozesse anstoßen, kann man die Geschichte mit einem Traum würdigen, dann aber Lebensherausforderungen fokussieren und den Dialog darauf lenken.

Beispiel: Pony-Reiten und große Pferde
Im folgenden Beispiel erzählt die Klientin mit Pathos von einem jahrzehntealten Traum. In diesem ist sie in »großelterlicher Szenerie« mit einem Pferd in einer beängstigenden Konfrontation.
Dialogpartner: Jetzt ist der Traum schon viele Jahre her und du sagst, dieser Traum ist ein Bezugspunkt für viele Prozesse in dir gewesen. Du hast dich ja offenbar schon oft damit beschäftigt, was dieser Traum dir erzählt. Was hast du denn für dich bisher erlebt oder auch für dich gewonnen im Dialog mit diesem Traum? Und die Frage ist, können wir noch was tun, was wäre denn noch offen?
Klientin: Es gibt viele Bezugsthemen. Generell ist es für mich eine Frage der Lebenskraft. Das Pferd steht für mich für etwas Vitales. Und da habe ich ganz viele Annäherungen schon gemacht. Es hat so einen ganz großen Teil, den ich hier nicht näher ausführen will, er hat was mit Übergriffen zu tun. Der Teil wurde stark bearbeitet und ich habe viel verändert. Weshalb ich jetzt Lust hatte, diesen Fall hier zu bringen: Ich denke, dass er noch ganz viel hat, vor allem die geistige Ebene. Auch mit Bezug auf gestern, weil ich mich oft erlebe, dass ich voll bin von Gedanken, mit Zusammenhängen, Konzepten und Fragen, die ich nicht leicht zusammenbringen und formulieren kann. Das ist der Teil, der für mich im Moment im Vordergrund steht.
Dialogpartner: Und du hast auch die Hoffnung, über den Traum deine Ideen stärker in die Welt zu bringen?
Klientin: Ja.
Dialogpartner: Kannst du mir mal ein Beispiel aus deiner Berufs- und Organisationswelt nennen, wo du Ideen hast, die in die Welt sollen?
Klientin: Das aktuellste Beispiel: Ich habe mich etwa drei oder vier Jahre mit systemischen Fragestellungen befasst und kam dann an eine Grenze. Ich fand, der Mensch in der Organisation kommt für mein Gefühl sehr zu kurz. Ich hab nach Wegen gesucht, um diesen

Gedanken in eine Form zu bringen, habe einen Artikel geschrieben, aber es hat sehr lange gedauert, bis ich das hinbekommen habe. Das sind unglaubliche Geburtswehen, bis es mir gelingt, Formen dafür zu finden.
Dialogpartner: Das klingt so, als hättest du auch anspruchsvolle Gedanken, die du einbringen willst. Gibt es auch kleinere Formen und kleinere Gedanken und geht es mit denen leichter?
Klientin: Mit denen geht es leichter, ja.
Dialogpartner: Also Pony-Reiten geht schon ganz gut, aber du willst die ganz großen Pferde.
Klientin (lacht): Ich hab gar nicht so sehr das Gefühl, dass ich will, aber die steigen auf. Die kommen zu mir und dann frag ich mich, was tue ich mit denen? Die geistern durch meinen Alltag.
Dialogpartner: Also du bist jemand, der geistig beflügelt wird und damit auch vorwärtskommen möchte.
Klientin: Und ich hab die Lust, mit Leuten darüber im Austausch zu sein, überall. Das belebt mich unglaublich.

Mehrere Bilder befragen
▶ Welche Spannungen bauen die verschiedenen Bilder auf?
▶ Wie ergänzen sie sich?
▶ Welche Fortentwicklung kann über die Traumszenen hinweg beobachtet werden?
▶ Und wie kann ihr Verständnis mit Hilfe des Dialogs über den Traum kreativ ergänzt werden?

Konfrontieren

Das Wort »Konfrontation« löst häufig Vorstellungen von kämpferischem Gegeneinander aus. Eigentlich meint es im Bereich der Kommunikationskünste aber den Akt des Gegenüberstellens. Also einem Wirklichkeitsbezug wird ein anderer gegenübergestellt, um sich mit den Differenzen auseinanderzusetzen. Dazu ist es gut, sich auch auf der Metaebene zu verständigen und so einen gemeinsamen Rahmen und ein Grundvertrauen zu entwickeln.

Kontraste und kraftvolleres Auseinandersetzen mit kontroversen Wirklichkeitsbezügen sollen zu keinem Gegeneinander der Personen, sondern zu engagierten Auseinandersetzungen mit verschiedenen Wirklichkeiten führen. Nach einem Diktum von Carl Popper ist einer der wesentlichen Fortschritte der Evolution, dass wir unsere Hypothesen statt unserer selbst an die Front schicken können. Um engagiert einen anderen Menschen mit unseren Ideen und Überzeugungen zu konfrontieren, müssen wir uns nicht mit diesen identifizieren. Sonst geht es schnell um Gewinnen oder Verlieren.

Wenn in einer Beziehung der Boden dafür bereitet ist, darf man anderen durchaus mal etwas hartnäckiger Eindrücke, Ideen und eigene Bedeutungsgebungen zumuten. Etwas Nachdruck kann dann einer konstruktiven Auseinandersetzung dienen, wenn der Beziehungsrahmen stimmt und der andere sich sonst vielleicht einer Infragestellung seiner Wirklichkeitsgewohnheiten entzieht. Doch sollte dies nur im Rahmen wechselseitigen persönlichen Respekts und der Achtung der Wirklichkeitssouveränität geschehen, da sonst der Dialog beschädigt wird.

Überraschende Provokationen wirken manchmal viel besser als vorsichtige Annäherungen. Wenn sie nicht als Zuschreibungen, sondern als Fragen und in Bildern formuliert werden, können sie länger Kristallisationspunkt für neue Abgleichungs- und Suchprozesse werden. Humor kann hierbei eine segensreiche Rolle spielen. Natürlich ist nicht Belustigung auf Kosten des anderen gemeint, sondern freundschaftliches Provozieren. Humor ermöglicht Infragestellung bei gleichzeitig liebevoller Zuwendung.

▓▓▓▓ *Beispiel: Highlander oder doch Columbo?*
Klient: Im Traum führt eine Brücke über einen großen Fluss. Ein Schiff mit einer großen Verdrängung fährt durch. Die Wasserwelle ist so stark, dass die Brücke erfasst wird und mir im Gehen die Füße weggezogen werden. Ich bin dann an das gegenüberliegende Geländer gedrückt worden ... habe mich nach einiger Zeit wieder aufgerappelt, habe mir die Stellen gesucht, die seicht waren, um über die Brücke zu kommen. Und dann bin ich doch in tiefes Wasser reingetappt (grinst), und da hat es mir die Füße weggezogen ...
Dialogpartner: ... durch deinen Fehltritt?

Klient: Genau.
Dialogpartner: Hättest du auf deinen Schritt geachtet, wärst du dann trotz der großen Wellenbewegung gut drübergekommen?
Klient: Ja.
Dialogpartner: Bist du ein Spezialist für Fehltritte?
Klient (lacht leise): Ich bin weitergelaufen und hatte dann einen hellen Trenchcoat an …
Dialogpartner: Columbo lässt grüßen …?
Klient (lacht): Ich bin weitergegangen und habe mich dann wie Highlander gefühlt …
Dialogpartner: Highlander ist …?
Klient: Ist 'ne Figur, unsterblich, muss Kämpfe bestehen …
Dialogpartner: Und meine Assoziation des Columbo, war das eine Fehlassoziation oder war da auch was von dir drin?
Klient: Das unterscheidet sich nochmals von der Highlander-Figur. In diesem steckt noch mehr geballte, ungenierte Energie drin.
Dialogpartner: … da stehen vielleicht noch weitere Studien von männlichen Heldenfiguren an. Wie ginge es dir damit?
Klient: Gut. Nach dem Aufwachen war ich eher verwirrt. Ich habe jetzt mehr Boden unter den Füßen und kann bei meinem Männlichkeitsthema weiterkommen.

Mehrere Perspektiven integrieren

Manche Traumbilder verkörpern eher Lebensperspektiven und Arten der Orientierung. Ein Hubschrauber etwa kann dafür stehen, dass man die Übersicht über etwas behält.

Auch in Bezug auf Lebensperspektiven und Orientierungsweisen gibt es einschränkende Gewohnheiten, die vielleicht durch andere Träume und Erlebnisse ergänzt werden, welche aber im Traumdialog nicht unbedingt verfügbar sind. Daher können neue Perspektiven experimentell und aktiv eingebracht werden.

Beispiel: Ein Hubschrauber als Geschenk

Im folgenden Traum mutet es den Dialogpartner an, als wäre die Kamera zu nahe in den Ereignissen. Sich auf diese Ebene einzulassen würde es schwer machen, Orientierung und Neuinszenierungen zu finden. Die Wirklichkeitsebenen, die sich im Traum spiegeln, könnten eine Ergänzung von außen brauchen. Diese wird im Dialog angeboten. Der Dialog erkundet dann, wie die Träumerin mit der angebotenen Perspektivenerweiterung umgeht.

Klientin: Ich suche mein Auto und finde es nicht. Bei meiner Suche steige ich über Berge von Bauschutt und Trümmern. Ich muss da immer wieder drübersteigen. Ich durchsuche jeden Winkel, finde aber mein Auto nicht. Da kommt eine Kollegin mit einer überdimensionierten Seifenkiste, bestehend aus einem Holzbrett und vier Rädern dran. Sie bietet mir an, dass ich mit ihr fahren kann. Ich setze mich drauf und es ist wirklich gefährlich, was wir da machen, denn es gibt Abgründe, die nur schwer zu erkennen sind. Ich steige schließlich ab, sie fährt weiter. Ich ermahne sie aufzupassen, aber sie stürzt mit der Seifenkiste in einen Abgrund. Ich mache mich daran, nun auch sie zu suchen, und muss dabei über riesige Betonblöcke steigen. Dabei erwache ich.

Dialogpartner: Was bewegt dich dabei?

Klientin: Ich habe den Traum immer wieder. Die riesigen Blöcke, das Nichtfinden meines Autos, der Absturz der Kollegin.

Dialogpartner: Der Traum zeigt ein wiederkehrendes Motiv. Welchen Sinn gibst du dem selbst?

Klientin: Ich habe die Assoziation von Auto und Autonomie. Und da ist die Verwunderung, dass ich immer noch in diesen Betonklötzen herumsteigen muss.

Dialogpartner: Spürst du einen Zusammenhang zu deinen Lebensbereichen, auch wenn du vielleicht noch nicht genau weißt, worin die Verbindung besteht?

Klientin: Nein, da fällt mir nichts ein.

Dialogpartner: Mir ist aufgefallen, dass du beim Erzählen öfter den Kopf schüttelst, als hätte dein Körper eine Ahnung, was dich irritiert, aber auch, was du missbilligst, ohne dass dir das selbst klar ist oder du es sprachlich benennen könntest. Und diese Gesten erinnern mich wiederum an eine Situation gestern [im Weiterbildungsseminar], wo du deutlich ärgerlich reagiert hast, als die Diskussion über verschiedene Ebenen driftete und es nicht klar war, wo wir jetzt thematisch gerade sind. Ich war etwas verwundert über die geringe Toleranz gegenüber diesem Driften, das ich als durchaus fruchtbar empfunden habe. Als

spontane Regung wollte ich dir einen Hubschrauber schenken mit der Ermunterung, nicht da unten herumzukrauchen, sondern den Hubschrauber zu benutzen, damit du den Überblick nicht verlierst
Klientin (kurze Pause): Hm, gute Idee. Dann brauch ich auch das Auto nicht mehr. (Lachen in der Gruppe.)
Dialogpartner: Mach daraus nicht ein Entweder-oder. Mit dem Auto machst du, was mit dem Auto zu tun ist, mit dem Hubschrauber, was mit dem Hubschrauber zu tun ist. Und für die zivilisatorischen Restbereiche, wo man mehr im Dschungel oder in Trümmerfeldern unterwegs ist, bleibt dir die Kompetenz und innere Neigung, dich in solchen Feldern zu bewegen. Aber nie ohne den Hubschrauber, der dir in unübersichtlichen Situationen Sicherheit und Orientierung gibt und der dich, wenn nötig, rausholt. Das ist so ein Hubschrauber, der von dir ferngesteuert werden kann.
Klientin: Ich werde den Helikopter schon selbst pilotieren.
Dialogpartner: Tja, aber wenn du selbst unten bist, wird das schwierig. Du kannst dich in eine innere Mannschaft aufteilen, wovon der eine Teil den Helikopter pilotiert, während der andere Teil in unübersichtlichem Gelände unterwegs ist.
Klientin: Das Bild gefällt mir. Okay. Damit kann ich jetzt weiterdenken.

Archetypen studieren

Ein Symbol oder ein Vorgang im Traum kann für mehrere Grundmuster und Lebensprinzipien stehen. Daher sollten Symbole nicht schematisch mit Archetypen gleichgesetzt werden. Ein Auto beispielsweise kann für Mobilität ebenso stehen wie für Bequemlichkeit. Auch kann die Bedeutung des Traumbildes »Baum« für einen Träumer, der Fontanes Gedicht »Herr Ribbeck zu Ribbeck im Havelland« liebt, für die Großzügigkeit stehen, die der Gutsherr armen Kindern gegenüber entgegenbrachte. Auf jeden Fall bleibt zuerst zu erfragen, welche Grundmuster das Bild für den Träumer verkörpern könnte.

In beiden Fällen, also auch dann, wenn ein Bild tradiertes Sinnmaterial verkörpert, konstituiert sich die Bedeutung eines Motivs maßgeblich kontextuell, nämlich durch die Bezüge, in die es und durch die es eingebaut wird. Entsprechend muss es vertikal, entlang seiner besonderen Eigenschaften und Bezüge in diesem speziellen Traum gedeutet werden. Was wir mit diesem Vorgehen demzufolge nicht in den Vordergrund stellen, ist, was ein bestimmter Archetypus traditionellerweise bedeutet. Wir gehen eher so wie Jung selbst vor und erschließen sie uns erstmalig. Wir fragen also: Welche Lebensprinzipien finden wir in diesem Traum symbolisiert? Wie kann ihre spezifische Bedeutung in diesem Traum mit Hilfe des Dialogs über den Traum gewonnen werden? Wie kann der Träumer sich diesen Grundfragen stellen?

Beispiel: Faszination und Zerrissenheit
Dialogpartner: Was würde ich im Traum sehen?
Klientin: Das Nachtleben in der Stadt, die Bars, Tanz, wie Moulin Rouge, Alkoholexzesse, auch ein Bild, das mir Angst macht,
Dialogpartner: ... etwas, wofür Sie eine Faszination haben ... Die eine Person steht für Unfall, Zerrüttung, körperliche Versehrtheit, aber auch für ein großes kreatives Potential. Eine Person, die aber auch ihre Zerrüttetheit zum Ausdruck zu bringen vermag. Die sich auf dieses Thema ...
Klientin: ... kapriziert ...
Dialogpartner: Ich suche ein würdigeres Wort: ihre Passion darauf richtet ... Haben Sie ein Gefühl dafür, wohin sich das Ganze entwickelt?
Klientin: Es ist sehr belebend. Da ist noch ein Film. Ich habe die Sorge, es geht zu weit. Es geht ums gleiche Thema ... Wenn ich mir die Ambitionen bewusst mache, dann bin ich auch verantwortlich für das, was passiert, für die Zerrissenheit. Ich spüre das. Dieser Aspekt wird mir gerade bewusst. Es beängstigt mich. Ich komme immer wieder an diese Stelle, möchte gerne weiterkommen. Vielleicht dass ich weiß, ich habe diese Pole, so etwas Zerrissenes, so was ... und ich habe Angst sie zu leben.
Dialogpartner: Sie zu leben, das wäre zu einfach.
Klientin: ... die Form finde ...
Dialogpartner: Die Entwicklung besteht ja darin, an den Fronten zu bleiben, sie auszuhalten, zu schauen, dass es eine lebbare Form bekommt. Am Rande des Vulkans braucht man einen genügend langen Stock, um darin seine Suppe zu kochen. Reinfallen hilft nicht. So kommt man nicht zur Suppe. Und Nichthingehen hilft auch nicht, dann bekommt man nichts zu essen.

Und so wie bei Jung oder Castaneda besteht die Kunst darin, diese Spannung produktiv auszuhalten, weder nach hinten noch nach vorn zu fliehen, bis sich aus dem Aushalten dieser Spannung heraus der Weg formt. So kann man weitergehen. Daran darf man offen herangehen.

Seelische Hintergrundbilder erkennen und einbeziehen

Analog zu Archetypen, also zu Urbildern, die für kollektive Menschheits- und Kulturfragen stehen, kann man Grundmuster einer Persönlichkeit oder einer Lebensgestaltung als individuelle Archetypen studieren. Wir meinen damit die Bilder, die für die Biographie einer Person prägend sind und ihrem Leben längerfristig eine handlungsleitende Orientierung geben. So kann ein Junge davon träumen, Lokomotivführer zu werden. Näher befragt sieht er sich im Orientexpress und begrüßt illustre Fahrgäste. Er kann Qualitäten dieses Bildes in seinem Leben weiterverfolgen, auch wenn er einen ganz anderen Berufsweg geht und vielleicht Konditor (im Vier-Sterne-Hotel) oder Volkswirt (bedeutsame Tagungen leitend) wird (zu seelischen Hintergrundbildern vgl. Schmid, 2004a, S. 209–236; Schmid, 2004b, S. 108–112).

Seelische Hintergrundbilder können mythenähnlich bestimmte Kräfte des Lebens darstellen, die im Hintergrund der unterschiedlichsten Alltagssituationen den Sinn des Tuns eines Menschen stiften. Es kann sich bei einen solchem Bild um eine Figur wie den Lokomotivführer handeln, der als Rollenträger für Qualitäten des persönlichen Lebensentwurfs fungiert. Bekannte Persönlichkeiten wie Künstlerinnen mit ungewöhnlichen Biographien oder Romanfiguren können eine Vorbildrolle übernehmen, aber auch kulturell vertraute Symbole wie Tiere, Gebäude und andere Dinge der Welt können Symbolträger für persönliche Lebensstrebungen werden. Seelische Hintergrundbilder erzählen also von zentralen Themen eines Menschen, von seinen Lebensmotiven und Inszenierungsstilen. Und sie verdeutlichen Aspekte der Identität, seelische Ressourcen und Kräftebündelungen.

Seelische Hintergrundbilder werden in Alltagssituationen, aber auch in Träumen variantenreich vertieft oder neu inszeniert. Sie bieten der Trauminszenierung Material und transportieren Anliegen. So kann es auch vorkommen, dass der Träumer im Dialog mit seinem Traum zu einzelnen Traumelementen wichtige Hintergrundbilder assoziiert, die ihn prägen.

Seelische Hintergrundbilder können ein Scharnier zwischen bislang Bedachtem und Unbedachtem, zwischen Bewusstsein und Unbewusstsein bilden. Als solches fließen sie auch in Träume ein.

Ob es sich bei einem Bild um ein längerfristiges Hintergrundbild handelt, muss erst erarbeitet werden. Im Dialog mit dem Traum können diese Bilder daraufhin befragt werden, für welche bleibenden Lebens- und Handlungsqualitäten sie stehen, welche individuellen Lebens- und Handlungsqualitäten sie genau zum Ausdruck bringen. Von ihrer Wirksamkeit in Träumen wird das nächste Beispiel handeln.

Beispiel: Camille Claudel

Dialogpartner: Können Sie etwas über Ihre Gestimmtheit an dieser Stelle im Traum sagen?
Klientin: Es gibt die Stadt, einen Dom, religiöse Gebäude. Es sind wenige Leute unterwegs. Die Sonne ist nicht mehr da. Es ist nicht kalt, aber schon düster.
Dialogpartner: Was lösen sie aus: Bedrohung? Fremdheit? Sich verloren fühlen?
Klientin: Sich verloren fühlen. Und da ist dann Straßenbahn Nr 3. Aber die ist alt, es muss eine andere Zeit sein. Die Straßenbahn ist so alt. So wie es sie in südlichen Ländern noch gibt. Ich steige ein. Es sind ja weite Wege in dieser Stadt. Aber ich weiß nicht, wo sie hinfährt, die Nr. 3 … und jetzt fällt mir ein, ich denke an Camille Claudel, nein, nicht an Camille Claudel, an die denke ich auch, ich denke an die Frida Kahlo. Die ja auch in so einer Stadt einen Unfall hatte. Die Szene erinnert mich daran … Frida Kahlo ist die berühmte Malerin …
Dialogpartner: Woher kommt diese Figur?
Klientin: Es ist ein biographischer Roman. Sie ist schwer verunglückt, brutal verletzt. Sie hat ein Leben lang unter Schmerzen gelebt, gearbeitet.
Dialogpartner: An welcher Stelle ist sie ins Spiel gekommen? Da kommen vielleicht weitere Bilder aus dem Hintergrund …
Klientin: Ja. Erst habe ich ja Camille Claudel genannt. Sie ist auch eine Künstlerin. Sie war auch zerrissen. Es hat eine Parallele. Sie wurde sehr abgelehnt. Sie hatte keinen richtigen Platz finden können neben dem großen Rodin. Und der Kahlo ging es ja so ähnlich neben dem Rivera …
Dialogpartner: Beide sind aber, was das Künstlerische betrifft, Hochkarätige. Es ist ja interessant, wer sich da alles in Ihrer Phantasie tummelt.

Klientin: Ja.
Dialogpartner: Das erzählt möglicherweise etwas von Ihren eigenen Ambitionen. Im Moment um den Preis der Unterprivilegiertheit ...
Klientin: ... und der Verachtung ...
Dialogpartner: Wollen Sie über diese Bilder, die Schicksalserzählungen näher sprechen?
Klientin: Ja, irgendwie sind sie immer da ...

Symbolwissen anbieten

In jedem Menschen liegt ein Schatz von Kulturwissen bereit, der unbewusst für die Gestaltung von Wirklichkeitsinszenierungen genutzt wird. Um die Bedeutung der eigenen Inszenierungen besser zu verstehen, kann es nützlich sein, die darin verwendeten Symbole auf ihre kulturelle Aussage hin zu befragen. Dies dient der Bedeutungsanreicherung durch kulturbezogene Assoziationen.[1]

In der systemischen Traumdeutung kann mit dem Wissen über Symbole und ihre Bedeutung allerdings zurückhaltend umgegangen werden. Das vorhandene Wissen über Symbole stellt nicht die eigentliche Quelle ihrer Bedeutungsklärung dar, sondern bildet eine Ergänzungsmöglichkeit in der dialogischen Entwicklung der Bedeutung eines Traumgeschehens für den Träumer und seinen Lebenskontext. Der Dialog mit dem vorhandenen Wissen über Symbole soll dem Träumer dabei helfen, die persönliche Bedeutung seines Traumbilds herauszufinden. Wir folgen damit Freuds Anregung, in Bildern nicht tradierte Symbole, sondern das symbolische Moment zu sehen. Das symbolische Moment von Bildern besteht einerseits darin, dass Bilder die Beziehung zu den Situationen und Szenen transportieren, in denen sie ihre Bedeutung gewonnen haben und für den Sprecher wichtig wurden. Andererseits stiftet es zugleich gerade die Möglichkeit, im Moment eine situationsspezifische, aktualisierte

---

1 Wie beziehen uns hier auf die Analytische Psychologie von C. G. Jung und seinen Nachfolgern. Als Anregung und Anreicherung sei Coaches leicht verständliche Literatur aus diesem Bereich empfohlen, wie C. G. Jung et al., »Der Mensch und seine Symbole« oder aktueller die zahlreichen Schriften und Tondokumente von Verena Kast.

Bedeutung anzunehmen. Sprachphilosophisch ausgedrückt macht Freuds Analyse der Signifikation deutlich, dass ein Bild kein Signifikat, sondern ein Signifikant ist: nicht das aufzeigt, was bezeichnet wird, sondern das, was etwas bezeichnet. Das Signifikat des Signifikanten eines Bildes ist demnach ein Signifikant, der die Spuren zu einem Signifikat legt. Sein Signifikat muss allerdings erst herausgefunden werden.

Das persönliche und situative Moment der Bedeutungsgebung stellen wir mit unserem Ansatz des schöpferischen Dialogs mit einem Traum auch in Bezug auf Symbole in den Vordergrund.

Beispiel: Die geheime Kammer
Dialogpartner: Dieses Motiv: »Der Schrank ist beiseite gerückt, und plötzlich zeigt sich eine Öffnung und dann sind da ganz andere Gefilde, die man vorher so nicht gesehen hat«, kennst du das?
Klient: Nein, das kannte ich bisher nicht.
Dialogpartner: Okay, dann kann ich dir an dieser Stelle ein Stück meines Wissens über Symbole zur Verfügung stellen. Ein »Gebäude« wird als Traummotiv in der Regel mit Persönlichkeit parallel gesetzt. Das Beiseiterücken und Entdecken von anderen Gefilden meint dann das Beiseiterücken des bisher Gesehenen und den Blick in andere, bislang verborgene Teile der Persönlichkeit hinein. Das weist in der Regel auf eine Ausweitung und auf das Betreten neuer Räume im eigenen Persönlichkeitsgebäude hin ...
Klient: Dort ist es noch dunkel und es ist mir etwas unheimlich, aber ich bin doch sehr gespannt.
Dialogpartner: Aber selbst wärst du ja nicht auf die Idee gekommen, den Schrank beiseitezurücken?
Klient: Offensichtlich nicht.
Dialogpartner: Also ein bisschen Ver-rücktes kann manchmal recht hilfreich sein, um neue Räume zu erschließen?

Mit Symbolen und ihren Bezügen spielen

Damit Symbole nicht zu schweren Kunstwerken in Marmor oder Öl werden, ist es wichtig, einen leichten und unbefangenen Umgang mit Symbolen einzuführen. Das spielerische Hin und Her zwischen kulturellen Deutungstraditionen und persönlichen Assoziationen hilft dabei. Im folgenden Beispiel ist dies vielleicht deshalb bedeutsam, weil die Träumerin vor zu gewichtigen Erwartungen an sich selbst zurückschreckt.

▓▓▓▓ *Beispiel: Pegasus*
Die Klientin ist eine erfahrene Fachpsychologin. Sie stammt aus einer künstlerischen Familie und spielt gelegentlich mit dem Gedanken, ein Buch zu schreiben. Doch sie lässt es bislang bei Phantasien. Sie träumte im Rahmen einer Weiterbildung, für die auch schriftliche Darstellungen gefordert wurden, von einem Pegasus (geflügeltes Pferd aus der Mythologie).
Dialogpartner: Also, wenn du da jetzt deinen Pegasus durch die Manege traben lässt, gucken alle mit Wohlgefallen.
Klientin (lächelt): Ja, ich hab schon das Gefühl.
Dialogpartner: Und wie gefällt dir selbst das Bild von deinem Pegasus, den du hier an der Longe durch die Manege traben lässt?
Klientin: Ich habe zum Pegasus ein ganz bestimmtes Bild, das muss ich zuerst sagen, dann kann ich es vielleicht loslassen. Ich habe mit meinem Sohn x Comics gelesen und irgendwo kommt der Pegasus vor, wie er ganz klein und jung noch ist, frisch geboren. Und da liegt er im Stroh, man sieht die Flügel schon und er atmet wie ein Baby. Man hat ganz liebevolle Caring-Gefühle für das Kleine. Und das war zwischen mir und meinem Sohn oft so ein lustiges Zitat: Pegasus wird klein bleiben.
Dialogpartner: Auch ein Pegasus wird einmal groß und 30 Jahre sind auch bei einem Pegasus viel Zeit, um groß zu werden.
Klientin: Ja, er ist am Größerwerden, aber er ist nicht groß, das spür ich, er ist vielleicht in der Pubertät. So »langsam auf die Koppel wollen«.
Dialogpartner: Deswegen passt das Bild ganz gut, dass du ihn an einer Longe rumtraben lässt.
Klientin: Er fliegt noch nicht.
Dialogpartner: In welchem Alter kann man so einen Pegasus dann richtig reiten?
Klientin: Ich weiß es nicht. Spontan kommt mir in den Sinn: Menschenalter 15, würde ich sagen. Ich weiß nicht, wie alt Pferde werden.
Dialogpartner: Ja so um die 20.
Klientin: Ja, dann würde ich sagen 9.

Dialogpartner: Ich hab das Gefühl, du hast den Pegasus so ein bisschen adoptiert. Jetzt in Menschenjahren, nehmen wir mal dein Alter, wann glaubst du, ist er so weit, dass du ihn reiten kannst?
Klientin: In 10 Jahren.

VI. Herr MIDLIFE in der Krise. Eine Fallstudie mit Übungsmöglichkeit

Träume im Coaching

Im Folgenden wird von einem Coaching mit einem Klienten aus der Spitze des Personalbereichs eines international tätigen Technologiekonzerns berichtet. Die Coachingbeziehung mit dem Autor dauerte zweieinhalb Jahre mit insgesamt neun dreistündigen Sitzungen.

Hier geht es nicht um eine vollständige Darstellung des Verlaufs oder aller Themen des Coachings. Vielmehr wird der Strang wiedergegeben, in dem die Arbeit mit Träumen eine wesentliche Rolle gespielt hat. Insbesondere soll das Zusammenspiel zwischen dem Umgang mit Träumen und der persönlichen Entwicklung wie auch die Relevanz von beidem für die berufliche Entwicklung und die beauftragende Organisation veranschaulicht werden.

Da die Vielschichtigkeit einer solchen Begegnung mit Träumen und das Experimentieren mit Einfällen und alternativen Inszenierungen schwer zu beschreiben ist, soll hier nicht zu viel erklärt werden. Einem intuitiven Verstehen kommt eine Erzählung, die anspüren und ahnen lässt, eher entgegen. Insofern stehen sich das Erzählerische in der Arbeit mit Träumen und diese Darstellung hier nahe.

Übungsmöglichkeit
Vielleicht wollen Sie im Verlauf der Falldarstellung Ihre eigenen Ideen spielen lassen und sich mit anderen, die dies auch tun, zu Übungszwecken austauschen? Dann können Sie die Falldarstellung gemeinsam lesen, bei den Zwischenüberschriften »Murmelgruppen« jeweils anhalten und zunächst Ihre eigenen Eindrücke und Ideen sammeln und untereinander austauschen. Auch »Unerfah-

rene« werden am Fortgang feststellen können, dass sie Wesentliches durchaus im Gespür haben. Wenn Sie in der Version, die hier verfolgt wurde, Ihre Ideen nicht wiederfinden, heißt das nicht, dass diese »falsch« sind. Es gibt viele sinnvolle Ansatzpunkte. Aber es kann hilfreich sein, sich die Reaktionen auf die Ideen gegenseitig zur Plausibilitätsprüfung vorzustellen.

Dies soll Sie zu eigenem Experimentieren mit Träumen ermutigen. Bei einer selbständigen Nutzung ohne Anleitung kann es sinnvoll sein, die Fragen des *Leitfadens für den schöpferischen Dialog mit einem Traum* (s. Anhang) zuerst zu studieren und sich so einzustimmen. Sollten Sie dabei auf klärungsbedürftige Fragen stoßen, ist Bernd Schmid unter schmid@isb-w.de für Sie erreichbar.

Zuweisung

Herr WEISE, stellvertretender Konzernpersonalchef in einem Technologiekonzern, ruft an. Bei Herrn MIDLIFE stehe eine Weiterentwicklung an und man denke an eine Personalleiterstelle in einem der Konzernunternehmen. Dafür sei Bedarf und bei Herrn MIDLIFE sei die fachliche Eignung vorhanden. Allerdings gebe es Zweifel bezüglich seines Standings. Da schwierige Zeiten bevorstehen, sei das dann doch entscheidend. Herr MIDLIFE sei informiert und mit einem Coaching einverstanden. Der Coach erklärt sich prinzipiell zu einem Sondierungsgespräch bereit. Später ruft Herr MIDLIFE an. Es wird das spezielle Format des ersten Coachinggesprächs verabredet.

Format für Persönlichkeits-Coaching bei Bernd Schmid
Ein erstes Coachinggespräch dauert drei Stunden und hat drei Teile:
1. Klärung von Anlass und aktuellem Bedarf. Oft ist eine aktuelle Fragestellung der Anlass für ein Coaching. Dieser aktuelle Bedarf sowie Soforthilfemöglichkeiten werden zuerst besprochen.
2. »Ortsbegehung« des beruflichen Umfeldes sowie des bisherigen und des gewünschten beruflichen Lebensweges. Wichtige

Themen im Umgang mit Zielen, Rollen und Umgebungen sowie aktuellen Ereignissen werden aufgenommen.
3. »Ortsbegehung« der seelischen Leitbilder und persönlichen Eigenarten, die berufliche Arbeit erfolgreich und sinnvoll machen. Aus diesen persönlichen Hintergründen heraus können meist wichtige Kriterien für weitere Fragen zu 1. und 2. gewonnen werden.
- Folgegespräche, soweit sinnvoll, finden im gleichen Format oder kürzer statt. Gesprächsabstände je nach Bedarf zwischen vier Wochen und mehreren Monaten. Selten sind mehr als fünf Gespräche notwendig.
- Tonaufzeichnungen der Gespräche werden zum Nachhören unmittelbar nach der Sitzung angeboten. Bei Bedarf werden zu einzelnen Coachingthemen Schriften oder Audioaufnahmen empfohlen bzw. zur Verfügung gestellt.

1. Sitzung: Die berufliche und persönliche Situation

Was die berufliche Situation des Herrn MIDLIFE (40) betrifft, so hat Herr MIDLIFE eine erfolgreiche Karriere als Jurist in den Stabsabteilungen der Zentrale eines Konzerns hinter sich. Für den Experten in arbeitsrechtlichen Fragen gebe es in der Zentrale keine Weiterentwicklungsmöglichkeiten. In den Unternehmen des Konzerns komme vom Rang her als Nächstes eine Personalleiterposition infrage.

Herr WEISE, der stellvertretende Konzernpersonalchef, und der Konzernpersonalvorstand, sähen ihn als potentiellen Personalleiter, stellten ihn aber gleichzeitig auch infrage. Er sehe sich im Konzern auf ungewohnte Weise »auf dem Prüfstand«. Er habe sich mehrfach mit beiden verbale Schlagabtausche geliefert, um zu zeigen, dass er ihnen auf Augenhöhe begegnen kann. Auch habe er in einer Versammlung den Vorstandsvorsitzenden öffentlich kritisiert, weil er zeigen wollte, dass er ernst genommen zu werden verdient. Doch habe er von diesem in beschämender Weise »einen auf den Deckel gekriegt«. »*Irgendwas mache ich falsch, doch was?*« Wenn er die gewinnende persönliche Ausstrahlung hätte, von der er träumt, würde er bei den Bossen und auch sonst bei den Mitarbeitern ganz anders ankommen. Er würde sich gerne dahin weiterentwickeln, doch sei er unsicher, wie das geht und ob er mit den »Ellenbogentypen« in der Hierarchie mithalten kann und will.

Was die persönliche Situation von Herrn MIDLIFE betrifft, so ist er verheiratet und lebt in einer deutschen Kleinstadt. Seine Ehe schildert er als eher kameradschaftlich und problemlos. Sie hätten zwei Vorschulkinder, denen er sich an freien Wochenenden gern widme. Sonst habe er keine besonderen Interessen. »*Dafür wäre ja auch gar keine Zeit.*« Der eher zierliche Mann stammt aus einem Kleinstadtmilieu. Sein Lebensweg war intellektuell orientiert und bisher völlig eben. Es gab nie besondere Belastungen oder Herausforderungen, denen er nicht mit dem Ausbau seiner Stärken gut hätte begegnen können. Seine Frau fühle sich durch seine seit Monaten anhaltende Dauerkrisenstimmung genervt und wolle nicht mehr viel davon hören.

Herr MIDLIFE ist über die Zuweisung in ein Coaching froh, doch auch verunsichert, weil seine persönliche Eignung als Personalleiter bei Übergeordneten infrage steht.

Er sei bereit, sich drastischen Maßnahmen zu unterziehen, wenn nur bald Lösungen da wären und die ungewohnte Krisenhaftigkeit seines Lebens aufhören würde. Er neigt zu Schwarz-Weiß-Beschreibungen und dazu, sich in Unbehagen zu ergehen. Hintergründiges, Vielschichtiges, nicht rational Einzuordnendes ist für ihn zwar irgendwie interessant, bereitet aber auch Orientierungsschwierigkeiten. Von daher versucht er häufig, vielschichtige Erlebnisse und Bedeutungen auf einfache, aber verkürzende Nenner zu bringen. Wenn dies dann nichts hergibt, bleibt er etwas orientierungslos. Gleichzeitig grübelt er gern an Sinnfragen und ist durchaus begierig, neue Aspekte aufzunehmen. Insgesamt wirkt Herr MIDLIFE verunsichert, wer er sein will, sein kann und welche Wege dafür einzuschlagen wären. Am liebsten wolle er vielleicht mal was ganz anderes machen, doch hat er keine Ideen dazu.

Herr MIDLIFE hat keine Vorerfahrung mit Beratung. Er zeigt sich aufgeschlossen gegenüber Klärungen und Entwicklungen und ist bereit, sich führen zu lassen. Er prüft dabei aufmerksam und bestätigt, was er versteht und als treffend wiedererkennt und was nicht. Deutlich erkennbar nimmt er Anregungen auf Vorrat, von denen er irgendwie das Gefühl hat, dass was dran sein könnte. Nach außen zeigt er sich aber eher wiederkehrend klagend-hilflos, weil sich seine Krise nicht absehbar aufzulösen verspricht.

Er benutzt eine verallgemeinernde und verdinglichende Sprache, die unklar lässt, wer was wie tut und erfährt bzw. emotional verarbeitet. Daher ist es häufig notwendig, zu spezifizieren und zu konkretisieren: Wer tut was wann wie? Dann ist zu identifizieren: Welches Erleben, welche Empfindungen und Bewertungen stecken hinter den allgemeinen Formulierungen?

Herr MIDLIFE ist sehr kooperativ, hört Kassetten und liest empfohlene Texte. Auf die Einladung, sich auch Träume zu notieren und in die Gespräche mitzubringen und auf einige Erläuterungen, wozu dies gut sein kann, reagiert er interessiert, fürchtet aber, da nichts zu bieten zu haben, weil er Träume normalerweise nicht erinnert. Die Arbeit mit den seelischen Hintergrundbildern regt ihn aber an, aufmerksam zu sein.

3. Sitzung (8. Woche): Ein wiederkehrender Traum

Herr MIDLIFE berichtet, dass er als potentieller Personalleiter für ein bestimmtes Unternehmen des Konzerns vorgesehen sei. Er habe sich dort gerade einer Versammlung gestellt. Er sei unsicher, wie er gewirkt habe. Das Feedback stehe noch aus. Er selbst nennt sein Auftreten »gefiltert«.

In diesem Zusammenhang fällt ihm in der Sitzung ein, dass er vor seiner Präsentation in dieser Versammlung mal wieder einen Traum geträumt habe, den er in vielen Varianten schon oft geträumt hatte.

Traum 1: Die Jury
Ich bin auf eine Versammlung geladen, wo ich mich präsentieren muss. Links vor mir sind die Leute, zu denen ich sprechen muss oder gesprochen habe. Vor mir ist das Rednerpult, in einiger Entfernung rechts hinter einem hohen Tisch sind mehrere Männer, die mich, wie ich meine, kritisch begutachten. Darunter ein grober Kerl, an dessen Platz ein Paar Boxhandschuhe hängen. Ich starre auf diese »Jury« und warte auf ein Urteil.
Ich wache irritiert und mit unguten Gefühlen auf.

3. Sitzung (8. Woche): Ein wiederkehrender Traum

Murmelgruppen 1: Wovon erzählt dieser Traum und womit könnte er zusammenhängen?

Herr MIDLIFE erkennt den Zusammenhang zwischen dem Traumerleben und der Weise, wie er die Versammlung im Unternehmen erlebt hat, sofort. Im Traum sei ganz deutlich, dass er »wie das Kaninchen vor der Schlange« vor diesem hohen Männergericht stehe. Die Boxhandschuhe stünden sicher dafür, mit welchen Anforderungen man da über ihn zu Gericht sitzen würde. Obwohl er es in der Realsituation an nichts Äußerlichem festmachen konnte, hatte er bei seiner tatsächlichen Vorstellung als Personalleiter gefürchtet, »gewogen und für zu leicht befunden« zu werden. Dementsprechend unfrei habe er sich gefühlt und sei wohl auch nicht so gut »rübergekommen«.

Wir sprechen über sein Gefühl, nicht aus dem Holz zu sein, aus dem zum Beispiel WEISE geschnitzt ist. WEISE war zu Zeiten des vorigen Konzernpersonalvorstands mit MIDLIFE auf einer Ebene gewesen. MIDLIFE hatte sich mit dem vorigen Konzernpersonalvorstand gut verstanden. Dieser sei ein differenzierter, eher auch sensibler Mann gewesen. Der Neue sei robuster, wäre eher mit WEISE in gutem Einklang, weshalb er wohl WEISE zu seinem Stellvertreter gemacht habe. Diesen Unterschied zwischen ihm und WEISE habe er schon immer empfunden, doch sei das bisher kein Problem gewesen. Er sei halt eher an Werten orientiert, womöglich in den Augen einiger ein Weichling. Aber er wolle auch gar nicht so ein »Rambotyp« sein, wie es wohl heute gefragt ist. Von daher sei eine Personalleiterstelle heutzutage vielleicht ohnehin nichts für ihn. Wenn er aber aufgäbe, würde er das auch als Niederlage empfinden. Und was sonst auch tun?

Hier droht er sich in Polarisierungen und Unlösbarkeiten zu verfangen, die ähnlich enden könnten wie der Traum: Erstarrung und warten auf das vermutlich ablehnende Urteil einer Männerriege. Um dem nicht ausgeliefert zu sein, sucht er die richtigen Manöver, um sich in der Realsituation zu behaupten und sich besser zu fühlen.

Der Coach betont, dass sich im Traum Haltungen spiegeln, die vielleicht überprüft werden sollten. Auch betont er das subjektstufige Verständnis, nach dem alles, was im Traum zum Ausdruck kommt, als Teil der eigenen Persönlichkeit betrachtet werden kann, auch wenn es mit Mitteln und Figuren der Außenwelt dargestellt ist. Aus dieser Sicht ist der Konflikt in der Außenwelt auch Spiegel einer Auseinandersetzung zwischen polarisierten Seiten der eigenen Persönlichkeit. Die Auseinandersetzungen auf den Traumbühnen wie auf den Bühnen der Außenwelt böten Gelegenheit für eine neue Auseinandersetzung mit der eigenen Wesensart. Ein Fokus hierbei könnte ein neues Verhältnis zu den anderen Männerfiguren bzw. zu sich selbst als Mann sein. Auf diese Weise könne er von Stereotypen und Polarisierungen weg- und zu einer integrierenden Entwicklung hinkommen.

Der Coach bietet ihm an, mit ihm zusammen den Traum umzuinszenieren, so dass er alternative Erlebensweisen, die positive Bewegung in die Szene bringen, ausprobieren kann. Hierzu werden ihm positive Umdeutungen und Probearrangements angeboten.

Murmelgruppen 2: Welche Elemente fallen Ihnen für eine solche Uminszenierung ein?

Neuerzählung von Traum 1: Die Boxhandschuhe
Der Coach bietet an, die Situation »topographisch« anders zu arrangieren: Er soll die »Jury« so platzieren, dass er sich auf gleicher Höhe fühlt, ihr dann den Rücken zuwenden und so die Männer »hinter sich bringen«. Er soll sich vorstellen, dass sie weniger zu seiner Beurteilung als zu seiner Unterstützung da sind. Für die Boxhandschuhe finden wir die Deutung, dass sie ja gerade dazu da sind, dass sich die Boxer beim Kräftemessen nicht wirklich verletzen. Boxhandschuhe schützen also. Der Kerl mit den Boxhandschuhen wird probeweise zum Sportskameraden, Boxen zum stärkenden Sport, auch für Fliegengewichte. Analog zu manchen Übungen in Systemaufstellungen wird ihm angeboten, die Unterstützung der anderen Männer auch körperlich zu fühlen. Weitere Männer aus der eigenen Geschichte (z. B. der früh verstorbene Vater) können sich dort mitversammeln und zusätzlich »Rückenstärkung« bieten.

Herr MIDLIFE lässt sich zunächst zögernd und dann mit wachsendem Interesse auf die Umdeutungen und Uminszenierungen ein, spielt alles innerlich durch. Er findet einen inneren Bezug zur Stützung durch die anderen Männer und ein positiveres Verständnis des Kerls mit den Boxhandschuhen. Hierbei wechseln Momente des argumentativen Gesprächs mit solchen ab, in denen er sich von den angeregten inneren Erlebnissen positiv überraschen und rühren lässt.

4. Sitzung (13. Woche): Der zweite Traum

Herr MIDLIFE berichtet auf Nachfrage, er habe wieder einen Versammlungstraum gehabt, aus dem er aber mit einem guten Gefühl aufgewacht sei. Er kann sich zunächst nur schwer an den Traum selbst erinnern. Erst detailliertes Nachfragen bringt den Traum nach und nach in Erinnerung und ins Erleben.

Traum 2 (zwei Wochen nach der 3. Sitzung): Die neue Szenerie
Wieder diese Versammlung. Doch es scheinen auch Mütter von Vorschulkindern dabei zu sein. Rechts der Raum ist leer. Ich bin direkt ans Pult getreten und habe zu den Leuten gesprochen. Dabei habe ich sie viel besser wahrgenommen und konnte gut rüberbringen, was ich zu vertreten hatte. Ich habe ein gutes Gefühl.
Die Szene wandelt sich. Neben dem Pult steht in meine Richtung gewandt eine »Frau in Weiß«. Vor mir, ihr gegenüber und mit dem Rücken zu mir steht ein Mann. Ich kenne beide nicht. Die Frau ist jünger (ca. 30), ist mit ihren Jeans und dem weißen T-Shirt vielleicht etwas zu leger angezogen. Wir stehen einfach da.

Näheres Nachfragen bringt in Erinnerung oder lässt beim Erzählen kreieren:
Sie schaut auf eine offene freundliche Art den Mann/mich an. Ich bin unsicher, ob das eine Konkurrenzsituation ist, fühle mich aber angesprochen und beim Aufwachen ganz gut.

Murmelgruppen 3: Wie verstehen Sie die Veränderungen in der Trauminszenierung?

Die besprochenen Perspektiven
Der Platz, auf dem sonst die beurteilende Männerriege war, ist leer, steht vielleicht zur Neugestaltung zur Verfügung. Gleichzeitig haben sich Publikum, Wahrnehmung und Atmosphäre, Selbstempfinden und -präsentation verändert.

Nun wandelt sich die Szene. Dies weist häufig auf neue Ebenen einer Fragestellung, auf das Fortsetzen eines Themas mit neuen Qualitäten hin. Die Veränderungen der Darstellungsebene, der Charaktere, der Bezogenheiten und der Abläufe spiegeln die Entwicklung. Wenn solche Änderungen groß sind, ist das Thema manchmal nicht leicht wiederzuerkennen.

Aus *den* Männern ist *ein* Mann geworden, der zudem auch auf *seiner* Seite steht, ja sogar irgendwie (im Kontakt mit der Frau) mit ihm identisch ist. Überhaupt sind jetzt Frauen vertreten (was sonst in seinen Träumen selten gewesen sei), einmal mütterliche Frauen im Publikum und eine eher geheimnisvolle jüngere als Gegenüber im Kontakt mit dem Mann / mit ihm. Aus dem erstarrten Erwarten eines Urteils ist eine eher von der Frau ausgehende interessierte Begegnung geworden. Die Unsicherheit, ob es sich hier um Konkurrenz handelt, wirkt wie eine unbedeutende Randbemerkung. Die Endsituation des Traums wirkt offen, noch ohne Dynamik, aber verheißungsvoll.

Die Personalleiterstelle
Die Personalleiterstelle wurde an jemanden anderen vergeben. WEISE habe sich aber nicht groß auf ein klärendes Gespräch einlassen wollen. Es stehe aber in einigen Wochen eine andere Personalleiterposition zur Besetzung an, wofür er im Gespräch sei.

Bei einem Personalleitertreffen im Konzern hatte Herr MIDLIFE einen Vortrag gehalten. Schon dass WEISE auch dort war, habe ihn befangen gemacht. Er habe den Vortrag gehalten, sich dabei aber nicht gut gefühlt und wohl auch nichts so recht rübergebracht. Er ärgert sich darüber, dass er WEISE so viel Bedeutung einräumt. MIDLIFE will lernen, ihn zu ignorieren.

Anstatt die Situation in der äußeren Welt zu besprechen, wird MIDLIFE vom Coach eingeladen, das Ganze als Traum zu inszenieren. Er lässt sich darauf ein und inszeniert die Geschichte als Variante seiner Wiederholungsträume.

4. Sitzung (13. Woche): Der zweite Traum

Traum 3: Ein inszeniertes Erlebnis
Irgendwie ist wieder eine Versammlung. WEISE steht rechts, mir und den Versammelten zugewandt. Ich empfinde ihn als kritisch, mich der Versammlung gegenüber infrage stellend.

Die Inszenierung eines erlebten »äußeren« Geschehens als Traum hat den Vorteil, dass man frei wird, das symbolische Erleben zu modulieren. Man kann nun eine alternative Imagination aufbauen, die andere Erfahrungen und Einstellungen nahelegt, mit denen dann Dialog gehalten werden kann. Dies fordert auch den Coach heraus, Drehbuchideen für eine positive alternative Inszenierung zu entwickeln und probeweise zur Erfahrung anzubieten.

Murmelgruppen 4: Welches Drehbuch für eine Weiterentwicklung, welche Probehaltungen und -inszenierungen würden Sie anbieten?

In der vom Coach angebotenen Variante wird WEISE probeweise positiv als Verbündeter von MIDLIFE definiert. Hierbei wird auf die frühere positive Umdefinition des Kerls mit den Boxhandschuhen in einen Verbündeten Bezug genommen. WEISE soll als eine Art Mahnmal auf der Bühne positioniert werden und eine konstruktive Mahnung aussprechen. MIDLIFE wird gebeten, die mahnenden Worte zu formulieren.

MIDLIFE formuliert als WEISE-Mahnung die Variante 1: »Es gibt Zweifel, ob dieser Mann der richtige ist.« Als der Coach dies als wenig konstruktiv bezeichnet und zu einer positiveren Variante auffordert, folgt WEISE Mahnung Variante 2: »Mit 40 müsste dieser Mann eine andere Persönlichkeit haben!«

Jetzt wird erkennbar, dass es um einen weitergehenden Zweifel an einer angemessenen Entwicklung der eigenen Persönlichkeit geht. Doch hat MIDLIFE an dieser Stelle noch keinen Zugang zu einem konstruktiven Tenor der Mahnung.

Daher bietet der Coach ersatzweise folgende Formulierung als Variante 3 an: »MIDLIFE ist unterwegs, aber noch nicht bei sich angekommen!« MIDLIFE probiert diese Variante aus. Sie ist ungewohnt, doch adoptiert MIDLIFE sie nach einigen Wiederholungen, zumindest probeweise. Dies hat eine Einstellungsänderung in der Beschäftigung mit WEISE zu Folge. Herr MIDLIFE entscheidet, mit WEISE und dem Konzernpersonalchef ein offenes Gespräch zu führen, in dem er zu erkennen gibt, welche Probleme er selbst bei seinem Auftritt bei dem ersten Konzernunternehmen und bei dem Personalleitertreffen sieht. Dass er aber unterwegs sei und mit ihnen darüber im Dialog bleiben will.

Die weitere Entwicklung

Weitere vier Sitzungen und ein Jahr sind vergangen, Herr MIDLIFE hat die Personalleiterposition im anderen Konzernunternehmen bekommen. Dennoch blieb er zunächst unsicher, ob das für ihn passend sei. Es hatte allerdings auch keine attraktiven Alternativen gegeben. Wenn er es nicht probiert hätte, hätte er das als Kneifen angesehen.

Das Unternehmen nahm ihn freundlich auf, er fand ein gutes Verhältnis zum Geschäftsführer und machte seinen Job offenbar gut, wenn auch immer wieder mit Anstrengung. Selbst Auseinandersetzungen um Personalabbau stand er gut durch und trug zu einer verträglichen Lösung bei, die in der Presse gelobt wurde.

Allerdings blieben Zweifel, ob das alles für ihn stimmt. Insgesamt wirkte er dennoch zunehmend kräftiger und zu mehr emotionaler Toleranz gegenüber Unsicherheiten und Krisenempfinden fähig. In der Beratung trug er immer wieder seine alten Lösungsstile vor, doch relativierte sie leichter.

Er scheint in dieser Zeit zu einer Integration von kritischen und unkritischen Haltungen gegenüber seiner Arbeit gefunden zu haben. Dies lässt sich aus folgendem Bericht schließen:

Früher bin ich als Mensch aus dem Urlaub gekommen und habe meine Berufswelt aberwitzig gefunden. Doch nach einer Woche war dieser kritische Mensch wieder verschwunden und ich war wieder mit allem identifiziert. Nach dem letzten Urlaub ist das ganz anders gewesen. Ich habe mich neu engagiert, bin aber auch der Mensch geblieben, der mich kritisch bei der Arbeit begleitet. Das ist irgendwie gut, aber einfacher ist mein Leben dadurch nicht geworden.

Traum 4 (in dieser Zeit): Auf der Bergwanderung
Ich bin auf einer Bergwanderung. Ich bin an einer Weggabelung. Den Aufstieg nach links hatte ich unpassierbar vermutet, weil dort ein Bergrutsch den Weg weggerissen hatte. Doch zu meinem Erstaunen ist dort aus Holz eine Überbrückung gebaut worden. Ich kann also diesen Weg doch nehmen. Nach einem langgezogenen Aufstieg komme ich in ein Dorf, das ich nicht kenne und dort auch nicht vermutet hätte. Auffällig ist der Kirchturm in der Mitte. Wie ich die ersten Häuser erreiche, sehe ich rechts ein Kaffeehaus, in dem nur Männer sitzen. Sie rufen mich heran und ich geselle mich zu ihnen.

> *Murmelgruppen 5:* Wenn Sie diesen Traum als Spiegelung der beruflichen und seelischen Entwicklung bzw. als Spiegelung der Stimmigkeit des Coachings sehen, wie würden Sie ihn dann verstehen? Welche Themen scheinen darin auf?

Der Coach sieht in diesem Traum die Bestätigung einer konstruktiven Entwicklung. Dies ist vermutlich auch ohne tiefenpsychologisches Wissen intuitiv verstehbar. Doch stützen Symbolkenntnisse dieses Verständnis: Die Bergbesteigung – ein verbreitetes Symbol für Persönlichkeitsentwicklung – kann an einer Stelle fortgesetzt werden, an der ein Erdrutsch den ursprünglichen Weg weggerissen hatte. Die Überbrückung ist durch Menschenwerk, durch Konstruktion von Ordnungs- und Hilfskräften hergestellt worden. Der Träumer nutzt sie auch, setzt seinen Weg nach links (in Richtung Integration unbewussten Terrains) fort und kommt so in ein Dorf (wie die Stadt häufig Symbol für das eigene Wesen). Dabei ist der Kirchturm (Symbol für geistige Männlichkeit) im Blick, und es sind auch die Männer des Dorfes, auf deren Einladung er sich zu ihnen gesellt. Die Männerriege aus den früheren Träumen ist unschwer wiederzuerkennen. Nun allerdings erfährt er statt Beurteilung Zugehörigkeit. Dass Männlichkeit zuerst als unpersönliches Symbol (Kirchturm) und dann als Kollektiv (Männer im Kaffeehaus) auftritt, legt eine positive Annäherung an männliche Individualität nahe. Die nächsten Stufen einer solchen Annäherung wären die Gemeinschaft mit einzeln erkennbaren Männern und dann die Selbstbegegnung mit sich als Mann in einer Spiegelbeziehung (Männer neben sich und Frauen gegenüber) (Schmid, 1989 / 2004, S. 142–152).

Verändert ist auch die Dynamik der Beziehungen. Nicht mehr er muss überzeugen, sondern Mächte außerhalb seines bewussten Ichs haben den Weg bereitet und gehen auf ihn zu. Er muss nur noch einverstanden sein und seinen Weg gehen und Einladungen folgen.

7. Sitzung: Eine Lebenskrise

MIDLIFES Frau trennte sich wegen eines anderen Mannes von ihm. Sie habe jahrelang Frust aufgestaut, sei in der Beziehung unbefriedigt geblieben. Sie habe jetzt eine echte Liebe gefunden und sich abrupt und wenig wertschätzend abgewandt. Ein harter Schlag für MIDLIFES Selbstverständnis als Mann und seine Lebensbilanz. Er reagiert darauf zunächst mit erheblichen Schlafstörungen, schwerer Beeinträchtigung seiner beruflichen Arbeit, totaler Selbstinfragestellung bis hin zu »letzten Gedanken«. Letzteres wirkt aber nicht ernsthaft und bedrohlich, eher eine Selbstdramatisierung. Klinisch betrachtet könnte alles als depressive Belastungsstörung eingeordnet werden.[1]

Seine Anstrengungen bezüglich persönlicher Entwicklung stellt er nun (mehr rhetorisch) infrage: *Hat sich das alles an Krisentraining gelohnt, wenn es mir nun so schlecht geht?* Bezüglich seiner Frau spricht er von »drastischen Reaktionen« seinerseits, dies sei aber nur mental und vorübergehend. Äußerlich gehen sie besonnen miteinander um. Er bietet seiner Frau an, sich beruflich anders zu organisieren, um sie zu halten, ist aber unsicher, ob er das wirklich noch wollte, wenn sie ja sagte. Doch sie bleibt ohnehin entschieden. Er solle sich keine Hoffnungen machen. Sie beide seien ein zeitweilig erfolgreiches Team gewesen, nie ein Liebespaar. Schließlich zieht seine Frau mit den Kindern aus. Er darf die Kinder großzügig besuchen bzw. bei sich haben.

---

1 Hier soll der solide ausgebildete Coach ermutigt werden, seinem Gefühl zu trauen. Im Zweifel ist natürlich eine kompetenz- und lösungsfokussierte psychotherapeutische Begutachtung zu empfehlen. Bei einer pathologieorientierten Therapie besteht die Gefahr, dass sich der Coachee vor der Lebensbewältigung in eine Psychotherapie zurückzieht.

8. Sitzung: Ein Traum inmitten der äußerlichen Krise

In völligem Kontrast zu seiner äußeren Situation und entsprechender Stimmung wacht er warm und froh auf. Dem Gefühl nachgehend, fiel ihm der Traum der Nacht ein.

Traum 5: Eine Freundin
Da ist links hinten eine Schaukel. Davor steht meine ehemalige Freundin im weißen T-Shirt. Ich stehe ihr gegenüber, sehe mich gleichzeitig irgendwie auch von hinten. Ich habe ein blaues T-Shirt an. Wir sind wohl beide jung. Sie lacht mich an und wirft mir neckend etwas zu, das wir uns dann fröhlich hin und her werfen.

Sie war noch in der Schulzeit seine erste große Liebe gewesen, obwohl sie nicht hübsch oder gesellschaftlich attraktiv gewesen war. Sie hätten herrlich zusammen geschwungen (Schaukel). Im Studium lernte er dann andere »attraktivere Frauen« kennen und ließ sie sitzen. Es muss sie damals schwer gebeutelt haben. MIDLIFE: »*In diesem Traum begegneten mir Qualitäten, die ich lange vermisst habe.*«

> *Murmelgruppen 6:* Wie schätzen Sie den Traum 5 und die persönliche Entwicklung ein?

Der Coach sieht in diesem Traum die Fortsetzung der persönlichen Entwicklung. Unbeeindruckt von den äußeren Geschehnissen kommt er einer von innen getragenen Ganzheit näher. Die Frau ist jetzt seiner persönlichen Lebensgeschichte zuordenbar und markiert eine Zeit, in der er noch lebendiger und spielerischer beim anderen Geschlecht und damit bei sich als Mann war. Die Jugendliebe, die er für scheinbar Erstrebenswerteres hinter sich gelassen hatte, steht für weibliche seelische Qualitäten,[2] von denen er sich abgekehrt hatte. Nun sind diese wieder lebendig und spielen ihm den Ball zu. Auch hier ist das sich verändernde

---

2 In der Analytischen Tiefenpsychologie spricht man von Anima als dem weiblichen Seelenanteil und von Animus als dem männlichen. Beide sollen lebendig und in gutem Kontakt zueinander sein.

Erscheinen weiblicher Qualitäten ein Hinweis für Entwicklung. Das »Männerpublikum«, vor dem er bestehen musste, wandelt sich in ein (auch) Frauenpublikum, dieses dann zu einer unbekannten Frau, die leger auftritt und ihn und seinen Doppelgänger ansieht. Schließlich verwandelt sie sich in eine individuelle Frau, die ihn ganz individuell meint und zu Spielerischem einlädt.

Sowohl in der Szenerie wie auch in den Figuren sowie in den Begegnungen und in den dadurch ausgelösten Gefühlen kann Wandel, neues Zu-sich-Finden beobachtet werden. Es kamen auch noch Erinnerungen an frühere Träume hinzu, die halfen, die ganze Entwicklung als Mann besser zu verstehen. Diese sind aber nur für das bewusste geschichtliche Aufarbeiten interessant, nicht jedoch für die gelebte Entwicklung.

Für den Coach war die Arbeit damit abgeschlossen, wenn auch auf der äußeren Realitätsebene noch einiges zu regeln war. Der Coachee war dafür gerüstet.

Nachlese

Nachdem der Coachee sein Leben äußerlich neu geordnet hatte, entschloss er sich noch zu einer umfassenden menschenorientierten Weiterqualifikation im Personalbereich, um die persönlich gewonnene Erfahrung auch in sein professionelles Selbstverständnis (Schmid, 2003) und als Ergänzung seiner Qualifikationen im Hart-Faktor-Bereich aufzunehmen. Sowohl diese Ausbildung wie auch seine fortdauernde Tätigkeit als Personalleiter machten ihm viel Freude. Hinzu kam eine neue Partnerschaft, die neue Lebendigkeit und Lebensfreude auch im Privatleben mit sich brachte.

VII. Schluss

Eignen sich Träume bzw. die hier geschilderten schöpferischen Dialoge anhand von Träumen für Coaching? Für die Ausbildung von Beratern? Für professionelle Kommunikation? Oder gar als Gesprächsebene in Organisationen?

Wir meinen: Ja! Auch wenn ein Coach wie im dokumentierten Coachingsprozess von Herrn MIDLIFE mit viel therapeutischer Erfahrung im Hintergrund ausgestattet ist, kann dennoch auch ein psychotherapeutisch unerfahrener, aber etwas sensibler und lebenskluger Coach mit diesem Coachee alles Wesentliche ähnlich verstehen oder tun. Dies ist dennoch nicht immer so und daher sollten bei Bedarf eine gute Supervision oder ergänzend ein psychotherapeutisch arbeitender Kollege zur Verfügung stehen. Doch dürfen Coaches auch den Mut fassen, sich selbst auf diesen Ebenen zu bewegen, und den freimütigen und kreativen Umgang mit Träumen wagen.

Die Haltung, die durch einen recht verstandenen Umgang mit Träumen gefördert wird, ergänzt Macher- und Rechthaberkulturen um Aspekte einer Verstehens- und Sinnschöpfungskultur. Denn mit Träumen einen Dialog zu halten, kann zu einem Königsweg der Selbstentfaltung werden, wenn nicht der Traum, sondern die Selbstentfaltung des Träumers ins Zentrum rückt. Deshalb setzen wir auf den schöpferischen Dialog mit dem Traum.

Hierbei soll eine Traumdeutung nicht über den Träumer, der Traumdialog nicht über die Auseinandersetzung mit Lebensthemen gestellt werden. Sinnvolle Beziehungen und Wirklichkeitsentwürfe können in einem offenen Suchprozess erst konturiert und entwickelt werden.

Der schöpferische Dialog mit einem Traum kann zur Entwicklung von Sinn und einem poetischen Verhältnis zur Wirklichkeit beitragen. Für die Interventionen des schöpferischen Dialogs mit einem Traum heißt dies, dass die Bildung einer Gesprächskultur, die Neugier und Verstehen, offene Fragen und Formen der Plausibilitätsprüfung ins Zentrum stellt, wichtiger ist als inhaltliche Ausdeutungen. Letztlich geht es um eine vielschichtige Verstehens- und Kommunikationskultur, die sowohl für den erfolgreichen Umgang mit komplexen Themen als auch für Selbstfindungsprozesse anhand von Träumen förderlich ist.

VIII. Leitfaden für den schöpferischen Dialog mit einem Traum

Leitlinien

Der Traumdialog – Einige Leitlinien

1. Der Dialog mit einem Traum orientiert sich an dem Impuls, eine Bedeutung entstehen zu lassen, neue Wirklichkeitsbezüge entdecken zu wollen.
2. Insofern bildet der Traum zunächst den Ausgangspunkt und die Hauptreferenz des Dialogs. Die Traumelemente können befragt werden.
3. Der Umgang mit einem Traum bildet aber auch ein Beispiel dafür, wie der Träumer mit den Dingen des Lebens umgeht.
4. Die besondere Wirklichkeitssphäre des Traums kann genutzt werden, um gewohnte Wirklichkeitsbezüge des Träumers zu bedenken.
5. Die Trauminszenierung kann als Beispiel für andere Lebenswirklichkeiten befragt werden. Sie kann verändert werden.
6. Das Zusammenspiel von Traumszenerie und Lebensszenerie kann entwickelt werden.
7. Der Träumer kann eine Wechselwirkung zwischen diesen verschiedenen Wirklichkeitsbezügen erfahren.
8. Der Dialog erhält seine offene, suchende Gesprächsqualität dadurch, dass der Träumer und sein Gesprächspartner unbefangen sprechen und erzählen dürfen. Die Inanspruchnahme einer Expertenautorität oder einer anderen vorgeschalteten Instanz (das kulturelle Wissen, die Seele) kann diese Offenheit behindern.
9. Zweck des Dialogs: die Erweiterung von Wirklichkeitserzeugungen und Wirklichkeitsstilen. Maßstab des Dialogs: die hilfreiche Selbstentfaltung des Träumers.

10. Ein Traum hat Potential. Der Dialog mit ihm ist ein schöpferischer Akt.

Traumdialoge

Bei kollegialen Dialogen mit einem Traum geht es um einen spielerischen Umgang mit Traumerleben und Kontexten. Es geht um Erkundungen und Vergegenwärtigung

1. des Geschehens im Traum,
2. des Geschehens rund um den Traum,
3. der Bedeutungsgebungen durch den Träumer und
4. der Resonanzen in der Begegnung mit anderen.

Für den Träumer ist situative Plausibilität entscheidend, die im nachlaufenden Suchprozess ergänzt oder korrigiert werden kann.

Sinnorientierte Traumdeutung

Träumer und Gesprächspartner können dem Dialog entnehmen, was für sie einen Sinn ergibt. Das Passende muss herausgefunden oder hinzuerfunden werden. Hierzu kann gefragt werden: Was würde helfen, die Dinge ins rechte Maß und in komplementäre Verhältnisse zueinander zu setzen?

Erstes Fragen

Erstes Fragen

- Was bedeutet das Erzählte für den Träumer?
- Was bedeutet es für jeden der Dialogpartner?
- Welche Assoziationen und Verbindungen sehen Träumer und Dialogpartner jeweils zu anderen Bereichen des Lebens?
- Wohin zieht es die Aufmerksamkeit der Träumerin, wohin die der Partner?
- Welche Haltungen und Interessen können beobachtet werden? Was erzählen die Unterschiede?

- ▸ Wie könnte eine ergänzende Erfahrung aussehen, die dem Träumer in Zukunft größere Spielräume verschafft?

Unverständliches
- ▸ Ist Unverständliches einer Dynamik in der Situation zuzuordnen?
- ▸ Spiegelt es Wirklichkeitserzeugungsmuster des Träumers?
- ▸ Wenn Unterschiede deutlich werden, wovon erzählen diese?
- ▸ Ist dies nur bei Träumen, bei dieser Art von Träumen, bei diesem Traum so? Oder ist dies auch ein Spiegel für andere Situationen? Für welche?

Grundsätzliche Vorgehensweisen und Perspektiven

Horizontale und vertikale Transformationen
- ▸ *horizontale Transformation*: Innerhalb der Traumszenerie werden alternative Inszenierungen entworfen und durchgespielt.
- ▸ *vertikale Transformation*: Varianten in der Art der Inszenierung und im Zusammenspiel von Elementen anderer Lebensszenerien und der Traumszenerie werden durchgespielt.

Die Theatermetapher nutzen
Nach den Traumelementen und ihrer Qualität fragen:
- ▸ *beschreibend*: Was genau sehen wir? Wie ist die Person, die Atmosphäre, der Ort, die Beziehung zu charakterisieren? Und wenn wir das als Film inszenieren würden, wo und wie würde die Einstellung gedreht werden? Wo ist die Kamera?
- ▸ *differenzierend*: Warum ist es so inszeniert und zum Beispiel nicht in dieser oder jener anderen Variante? Was will der Regisseur damit zeigen?

Kontraste bilden

Im Traumdialog können gezielt Kontraste angeboten werden. Dadurch können neue Bedeutungen und Anstöße aufscheinen.

- Repräsentiert der Traum eher gewohnte Erlebnisse / Betrachtungen des Träumers?
- Entsprechen die Geschehnisse im Traum den Darstellungen / Hervorhebungen in der Traumerzählung?
- Wo deuten sich Kontraste zu vertrauten Erfahrungen an? Wie würden diese sich entfalten?
- Passen Spontaninteresse des Träumers und des Zuhörers zusammen? Wie lässt sich aus dem Unterschied ein Kontrast aufbauen?
- Wie kann der Kontrast so eingesetzt werden, dass er wesentliche Erkenntnisse vorantreibt?

Mehrere Bilder befragen

- Welche Spannungen bauen die verschiedenen Bilder auf?
- Wie ergänzen sie sich?
- Welche Fortentwicklung kann über die Traumszenen hinweg beobachtet werden?
- Und wie kann ihr Verständnis mit Hilfe des Dialogs über den Traum kreativ ergänzt werden?

Die Bezüge des Traums erfragen

Den Beziehungskontext des Träumers berücksichtigen

- Welche Beziehung geht der Träumer zu seinem Traum ein?
- Welche Beziehung gehen der Träumer und seine Gesprächspartner ein? Stellen sie wechselseitig einfach ihre Resonanzen zur Verfügung oder sind sie erfahrene Traumdeuter?
- In welchen sonstigen Beziehungszusammenhängen wird mit dem Traum umgegangen? Zu welchen Zusammenhängen soll der Dialog mit einem Traum beitragen?

Die Beziehung zwischen Träumer und Traum beobachten

- Wie geht ein Träumer mit seinem Traumerleben um? Wie erzählt er es?
- Wie geht er grundsätzlich mit seinem Träumen um? Wie geht es ihm mit diesem speziellen Traumerleben?
- Welche Erfahrung hat er mit dem Erinnern von Träumen, mit deren Wirkungen? Wiederholt sich da etwas? In welchen Situationen kommt es wieder? In welchen eher nicht? Welche Variationen sind zu beobachten? Erzählen die Variationen von Entwicklungen? Werden diese registriert, in die Selbsterzählungen aufgenommen?
- Was ist darüber hinaus die Beziehung des Träumers zu dem, was der Traum darstellt? Wie steht er zu den Inhalten, zur erzählten Geschichte, zu den darin zum Ausdruck kommenden Figuren, Symbolen, Dynamiken und zur Art der Inszenierung? Wie sehr ist der Traum ihm fremd? Löst er Neugierde, Ergriffenheit, Angst, Distanzierung aus? Inwiefern identifiziert er sich mit dem Traum? Was kann er dadurch über seinen sonstigen Umgang mit den Dingen, dem Leben und der Welt herausfinden?
- Wer ist er im Traum? Wer als Träumer dieses Traums? Und da er seinem Traum nachgehen will: Inwiefern kann er, will er seinem Traum oder sich als Träumer begegnen?

Fragen zur Traumerzählung

Differenzen zwischen Traum und Erzählung klären

- Inwiefern spiegelt die Differenz zwischen dem Traumerleben und dem, was der Träumer vom Traumgeschehen erinnern kann, das gewohnte Wirklichkeitsstiftungsverhalten des Träumers?
- Was geht durch das Erzählen verloren? Was wird hinzugefügt? Welche Verwandlungen geschehen dadurch?
- Kommen solche Verwandlungen häufig vor? Mit welchen Folgen für den Träumer und seine Umwelt?

- ▸ Gibt es solche Verwandlungen auch in den Tagwelten des Träumers?
- ▸ Was wäre anders, wenn anderes aus dem Traumgeschehen aufgegriffen würde?
- ▸ Wie würde sich sein Erleben ändern?
- ▸ Was wären Gewinne und Verluste?
- ▸ Wie würden wichtige Andere darauf reagieren?

Trauminhalte erfragen

Kontextbezüge des Traumgeschehens einführen

Kontext *Zeitpunkt*: Wann wurde geträumt?
- ▸ Was war zur Zeit des Traums im Leben des Träumers los?
- ▸ Welche äußeren Ereignisse bzw. inneren Erlebnisse dieser Zeit spiegeln sich im Traum?
- ▸ Angenommen, der Traum wäre ein Kommentar zu oder eine Weitererzählung von diesen Erlebnissen, wovon erzählt er dann?

Kontext *Privatwelt* sowie *Traumdialog-Beziehung*
- ▸ Angenommen, es besteht ein Bezug zu Bühnen des Privatlebens, welcher?
- ▸ Angenommen, es besteht ein Zusammenhang zwischen Traumgeschehen und Traumdialog, also dem, was in der Beziehung der Traumdialogpartner geschieht, welcher wäre das?
- ▸ Sind die Bezüge zwischen einem Traum und den verschiedenen Lebenswelten sehr verschieden? Wenn ja, wovon erzählt das?

Kontext *Bühnen der Berufs- und Organisationswelt*
- ▸ Angenommen, es besteht ein Bezug zwischen dem Traumgeschehen und beruflichen Fragestellungen, welcher könnte das sein?
- ▸ Angenommen, es besteht ein Zusammenhang zwischen dem Traum und der Situation im Unternehmen / im Partner- / Kundenunternehmen des Klienten, welcher könnte das sein?

Traumelemente, die auf Kontexte verweisen könnten
- Welche Orte, Requisiten, Personen, Stimmungen kommen im Traum vor?
- Sind Traumelemente aus anderen Zusammenhängen bekannt oder wecken sie Assoziationen zu anderen Zusammenhängen?
- Auf welche Welten, Zeiten, Themen verweist das Zitat eventuell?
- Angenommen, das Zitat wäre ein beabsichtigtes Ausdrucksmittel, was will der (Traum-)Regisseur damit ins Spiel bringen?

Neue Kontexte *entwickeln*
- Welche neuen Kontexte können den Traum befruchten?

Bezüge zu »objektiven« Kontexten anbieten
Bedeutungswissen aus dem Kulturwissen wird ergänzend angeboten oder ersatzweise zu subjektiven Bedeutungszuordnungen exploriert. Es wird überprüft, ob das kulturelle Wissen passgenau ist, und je nachdem verändert.

Beispiel: Angenommen, im Traum kommt ein offener Kamin vor, in dem ein Feuer brennt:
- Was ist das für ein Ding? (z. B. technische Einrichtung, die Naturgewalt als Kraftquelle beherrschbar macht)
- Welche Grundfunktion verkörpert sich in dem Vorgang des Brennens? (z. B.: durch Umwandlung wird Energie frei und nutzbar)
- Wie ist der Stellenwert in der Zivilisation und im Traum? (z. B.: Ein offener Kamin ist eine Einfachstform der Energiegewinnung mit geringem Wirkungsgrad und hohem Arbeitsaufwand. Im Traum ist er vielleicht ein romantisches Element, mit dem vermutlich nicht wirklich geheizt wird.)
- Wie ist die kulturelle Bedeutung? (z. B.: Um Feuer ranken sich Märchen, Erzählatmosphäre, Geborgenheit, Nachdenklichkeit, Kontakt zum Unheimlichen …)
- Warum wird es in dieser Variante auf die Bühne gebracht und nicht in einer anderen?
- Gibt es Auffälligkeiten? (z. B. auffällig hoch loderndes Feuer, ein leerer Holzvorrat)

- ▶ In welchen anderen Erzählungen spielt ein solches Element eine Rolle?
- ▶ Angenommen, diese wären absichtliche Ausdrucksmittel, wofür stehen sie dann?

Diese Befragung eignet sich auch gerade dafür, Bilder aus der aktuellen Lebenswelt, für die es noch keine Deutungstradition gibt, wie etwa eine »Deospraydose«, zu befragen.

Momente und Gestaltungselemente mit besonderer Bedeutung
- ▶ der Traumanfang (Szenerie, wenn der Vorhang aufgeht),
- ▶ das Traumende (Szenerie, wenn sich der Vorhang schließt),
- ▶ Ausblick am Ende des Traums (worauf hin scheint die Situation angelegt?),
- ▶ Stimmung beim Aufwachen und Nachwehen,
- ▶ sonstige auffällige Punkte *im* Traumgeschehen.

Wenn Szenen- oder Traumwechsel auftreten: Wie könnte trotz äußerer Unterschiedlichkeit ein Thema auf einer anderen Ebene weiterentwickelt werden?

Wirklichkeitsbezüge des Traums erkunden

Wirklichkeitsbezüge des Traums
Die Wirklichkeitsbezüge eines Traums werden geschaffen durch
- ▶ den Anlass für einen Traum,
- ▶ die Wirkungen des Traums auf den Träumer,
- ▶ die Erzählung des Träumers,
- ▶ das Erzählen- und Deuten-Wollen: die Kultur des Traumdeutens,
- ▶ die (beraterische) Beziehung zwischen Träumer und Dialogpartner,
- ▶ die (beraterischen) Interventionen des Dialogpartners,
- ▶ die Bedeutung des Traums, die durch den Dialog erzeugt wird,
- ▶ die Möglichkeiten, sich zu entwickeln, die dialogisch eröffnet werden.

Die Wirklichkeitsstile befragen
- Inwiefern unterscheiden sich die Stilelemente der Trauminszenierung von denen, die der Träumer gewöhnlich zu praktizieren pflegt?
- Wenn man die beiden vergleicht, welche hilfreichen Anregungen für den Wirklichkeitsstil des Träumers lassen sich finden?
- Gibt es eine Entwicklungsaufgabe für den Träumer, die ein solcher Vergleich vorzuschlagen erlaubt?

Schablonen überprüfen
- Spricht der Träumer gewohnheitsmäßig so über die Dinge und sich?
- Gibt es hierzu sogar etwas, das das Traumgeschehen mit seiner Inszenierung kommentiert?
- Spricht der Träumer von etwas anderem?
- Verrät er sogar etwas über die Ambitionen, die sich hinter der Schablone verbergen?

Wirklichkeitsstile entwickeln
- Wenn im Traumgeschehen ein bestimmter Inszenierungsstil stark vorherrscht, kann dem nachgegangen werden, wie dasselbe in einem ganz anderen Stil inszeniert werden könnte.
- Wenn das Traumgeschehen belanglos scheint, wie könnte es angereichert werden, damit es interessant wird?
- Wenn etwas unangepasst in Erscheinung tritt, welche angepasste Inszenierung gäbe es stattdessen?
- Wenn im Traumgeschehen Geschehnisse oder Personen ins übermäßig Schöne oder übermäßig Hässliche stilisiert sind, wie könnten gemäßigte, alltäglichen Dimensionen nähere Varianten davon aussehen?

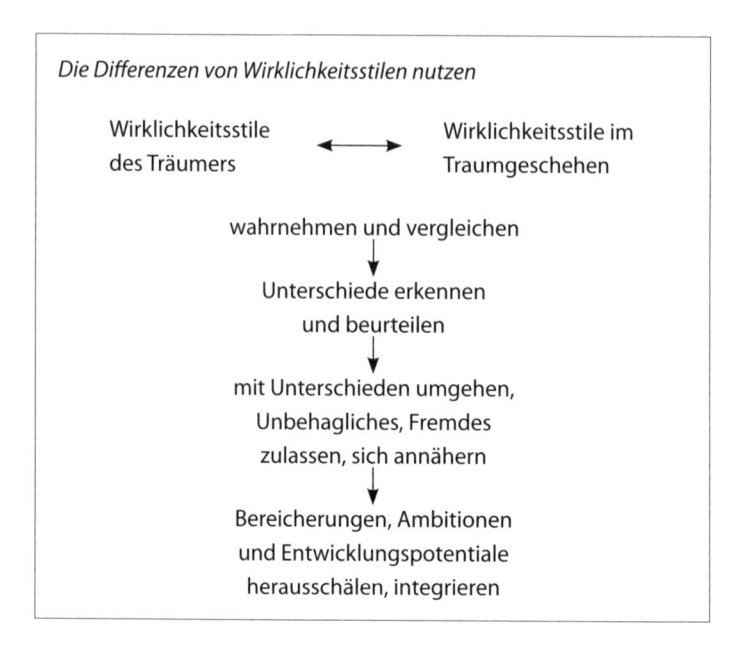

Die Differenzen von Wirklichkeitsstilen nutzen

Wirklichkeitsstile ⟷ Wirklichkeitsstile im
des Träumers   Traumgeschehen

wahrnehmen und vergleichen
↓
Unterschiede erkennen
und beurteilen
↓
mit Unterschieden umgehen,
Unbehagliches, Fremdes
zulassen, sich annähern
↓
Bereicherungen, Ambitionen
und Entwicklungspotentiale
herausschälen, integrieren

Wirklichkeitsbereiche aufeinander beziehen
▸ Wie geht es dem Träumer damit, dass Träume und andere Wirklichkeitsbereiche das Alltagsleben beeinflussen können?
▸ Hält er sie getrennt?
▸ Wenn er sie verbindet, wie tut er das? Wie wirkt sich das aus?

Literatur

Adler, Alfred (1978). Der Sinn des Lebens. Frankfurt a. M.
Bermann, Morris (1985). Wiederverzauberung der Welt. Reinbek.
Derrida, Jacques (1985). Die Schrift und die Differenz. Frankfurt a. M.
Freud, Sigmund (1969–1972). Die Traumdeutung. Studienausgabe Bd. 2. Frankfurt a. M.
Garfield, Patricia (1993). Kreativ träumen. Interlaken.
Günter, Andrea (1997). Literatur und Kultur als Geschlechterpolitik. Feministisch-literaturwissenschaftliche Begriffe und ihre Denk(t)räume. Königstein / Ts.
Günter, Andrea (2003). Weltliebe. Gebürtigkeit, Geschlechterdifferenz und Metaphysik. Königstein / Ts.
Günter, Andrea (2008). Schreiben wollen – sagen müssen. Das Flüssige, menschliche Kreativität und Kosmologie in Mystik und Postmoderne, am Beispiel Hildegard von Bingen und Jacques Derrida. In: Günter, Andrea, Geist schwebt über Wasser: Postmoderne und Schöpfungstheologie (S. 77–98). Wien.
Günter, Andrea (2009). Das Systemische, das Unsichtbare und die Seelsorge. Zum Bedürfnis der Seele nach Erkenntnis und Wirklichkeit. Zeitschrift für systemische Therapie und Beratung, 27 (3), 137–146.
Günter, Andrea (2011). Systemische Selbstverständnisse, religiös motivierte Seelsorge, Sinnorientierung und die Frage: War Jesus einfühlsam? In: Schwemmle, Markus, Schwemmle, Kristin (Hrsg.), Systemisch beraten und steuern live 2 (S. 109–120). Göttingen.
Günter, Andrea; Schmalz, Gabriele (o. J.). Das Entzücken der Seele. Systemische Aufstellungsarbeit und Seelsorge. http://www.andreaguenter.de/81-0-Aufsaetze-philosophische-Essays-und-wichtige-Rezensionen.htm
Jacobs, Arthur; Schrott, Raoul (2011). Gehirn und Gedicht. Wie wir unsere Wirklichkeit konstruieren. München.
Jung, Carl Gustav (1978). Bild und Wort. Olten u. Freiburg.
Jung, Carl Gustav (1979). Der Mensch und seine Symbole. Olten u. Freiburg.
Kast, Verena (2002). Theorie und Praxis der Traumdeutung in der Therapie von C. G. Jung. Vorlesungen Sommersemester (audio). auditorium-netzwerk.
Kast, Verena (2006). Träume. Die geheimnisvolle Sprache des Unbewussten. Düsseldorf.
Ouspensky, Petr D. (1966). Auf der Suche nach dem Wunderbaren. Weilheim.

Schmid, Bernd (1989). Geschlechtsidentität – Eine seelische Perspektive. Studienschrift Nr. 39 des ISB. Verfügbar unter: 039-geschlechtsidentitaet-schmid-1989.pdf, http://www.systemische-professionalitaet.de/

Schmid, Bernd (1998). Originalton. Sprüche aus dem Institut für systemische Beratung, Wiesloch.

Schmid, Bernd (2000). 230 Fragen für die Arbeit mit seelischen Bildern. Anlässlich des 2. Symposions des ISB, Thema: »Seelische Leitbilder« im Jahre 2000. Studienschrift Nr. 904 des ISB. Verfügbar unter: http://www.systemische-professionalitaet.de/isbweb/component/option.com_docman/task.doc_download/gid,783/

Schmid, Bernd (2003). Systemische Professionalität und Transaktionsanalyse. Mit einem Gespräch mit Fanita English. Bergisch Gladbach (EHP).

Schmid, Bernd (2004a). Systemisches Coaching. Konzepte und Vorgehensweisen in der Persönlichkeitsberatung. Bergisch Gladbach.

Schmid, Bernd (2004b). Sinnstiftende Hintergrundbilder professioneller Szenen. In: Rauen, Christopher (Hrsg.), Coaching Tools. Erfahrene Coaches präsentieren 60 Interventionstechniken aus ihrer Coaching-Praxis. Managerseminare, 108–112. Studienschrift Nr. 93 des ISB. Verfügbar unter: http://www.systemische-professionalitaet.de/isbweb/component/option.com_docman/task.doc_download/gid,538/

Schmid, Bernd (2005a). Seelische Bilder und berufliche Wirklichkeiten. Vortrag anlässlich des Kongresses der IGT vom 24.-28.10.2004 in Lindau. In: Tagungsberichte der Tagungen der Internationalen Gesellschaft für Tiefenpsychologie (IGT). Düsseldorf. Studienschrift Nr. 98 des ISB. Verfügbar unter: http://www.systemische-professionalitaet.de/isbweb/component/option.com_docman/task.doc_download/gid,543/

Schmid, Bernd (2005b). Träume im Coaching – Ein Beispiel und ein Leitfaden für kollegiale Traumdialoge. Zeitschrift OSC Organisationsberatung, Supervision, Coaching 12 (4), 383–396. Studienschrift Nr. 99 des ISB. Verfügbar unter: http://www.systemische-professionalitaet.de/isbweb/component/option.com_docman/task.doc_download/gid,544/

Schmid, Bernd (2005c). Leitfaden für kollegiale Traumdialoge. Studienschrift Nr. 99.2 des ISB. Verfügbar unter: http://www.systemische-professionalitaet.de/isbweb/component/option.com_docman/task.doc_download/gid,545/

Schmid, Bernd (2005d). Sinnstiftende Hintergrundbilder und die Theatermetapher im Coaching. Anlässlich des Symposions »Kraft innerer Bilder und Visionen« des Milton-Erickson-Instituts Heidelberg 30.09.-01.10.2005. In: Bibliothek von Systemagazin – Online-Journal für systemische Entwicklungen. Herausgegeben von Tom Levold. Auch in: Die DownloadBar – Das E-Publishing Angebot des Carl-Auer-Verlags (Die LesBar des Carl-Auer Verlags). Studienschrift Nr. 108 des ISB. Verfügbar unter: http://www.systemische-professionalitaet.de/isbweb/component/option.com_docman/task.doc_download/gid,557/

Schmid, Bernd (2006 / 2010). Leitfaden zum Interview mit seelischen Bildern.

Zeitschrift OSC – Organisationsberatung, Supervision, Coaching (01/10), 61–79. Studienschrift Nr. 111 des ISB. Verfügbar unter: http://www.systemische-professionalitaet.de/isbweb/component/option.com_docman/task.doc_download/gid,563/

Schmid, Bernd (2006b). Passungsdialog anhand innerer Bilder. In: Rohm, Armin (Hrsg.), ChangeTools. Managerseminare. Studienschrift Nr. 109 des ISB. Verfügbar unter: http://www.systemische-professionalitaet.de/isbweb/component/option.com_docman/task.doc_download/gid,560/

Schmid, Bernd (2007). Lösungsorientierte Traum-Inszenierungen – Übung im schöpferischen Dialog In: Röhrig, Peter (Hrsg.), Solution Tools. Managerseminare. Studienschrift Nr. 119 des ISB. Verfügbar unter: http://www.systemische-professionalitaet.de/isbweb/component/option.com_docman/task.doc_download/gid,1065/

Schmid, Bernd (2009). Surreales Kaleidoskop, http://www.systemische-professionalitaet.de/berndschmid/bernd-schmids-blog/bernd-schmids-blog-39.2.html

Schmid, Bernd (2011). Poesie und Professionalität, http://www.systemische-professionalitaet.de/berndschmid/bernd-schmids-blog/blog65.html

Schmid, Bernd / Boback, Peter (2004). Wirklichkeitskonstruktive Traumarbeit. Der schöpferische Dialog anhand von Träumen. Zeitschrift für systemische Therapie, 1, 2004, 15–26.

Schmid, Bernd; Gérard, Christine (2008). Intuition und Professionalität. Systemische Transaktionsanalyse in Beratung und Therapie. Heidelberg.

Schmid, Bernd; Hipp, Jochen (1999). Individuation und Persönlichkeit als Erzählung. Zeitschrift für systemische Therapie, 1. Studienschrift Nr. 25 des ISB. Verfügbar unter: http://www.systemische-professionalitaet.de/isbweb/component/option.com_docman/task.doc_download/gid,427/

Schmid, Bernd; Messmer, Arnold (2003). Dialogische Kommunikation – die Ausbalancierung von Sach- und Beziehungsorientierung im Unternehmen. LO – Lernende Organisation. Zeitschrift für systemisches Management und Organisation, 15, Sept / Okt. Auch in: dies., Systemische Personal-, Organisations- und Kulturentwicklung. Konzepte und Perspektiven (S. 124–135). Bergisch Gladbach.

Schmid, Bernd; Messmer, Arnold (2005). Systemische Personal-, Organisations- und Kulturentwicklung. Konzepte und Perspektiven. Bergisch Gladbach.

Schmid, Bernd; Portele, Gerhard (1976). Brechts Verfremdungseffekt und soziales Lernen. Gruppendynamik, 6, 7, 454–464.

Schmidt, Thomas E. (2011). Nimm den Wanderstab! – Peter Handkes neuer hochfahrender, sanfter, überwältigender Marsch durch die Welt des Erzählens. Die Zeit 15, 7. April 2011, 53.

Schnepel, Burkhard (Hrsg.) (2001). Hundert Jahre »Die Traumdeutung«. Kulturwissenschaftliche Perspektiven in der Traumforschung. Köln.

Schulz von Thun, Friedemann (1998). Miteinander reden 1: Störungen und

Klärungen. Miteinander reden 2: Stile, Werte und Persönlichkeitsentwicklungen. Einmalige Sonderausgabe. Reinbek.
Seifert, Theodor (2002). Der Archetyp. Synchronizität als Mittler zwischen Materie und Geist, Schrift 1005. http://www.systemische-professionalitaet.de/isbweb/content/view/135/192/

Die im Folgenden gelisteten Audiodokumente stehen auf der Website des ISB kostenfrei zur Verfügung. Beachten Sie dafür bitte die jeweils angegebene Website-Adresse.

Schmid, Bernd (1999). Seelische Leitbilder. Methodendemonstration von Bernd Schmid, Dauer: ca. 85 min. Audiodok. Nr. 609 des ISB. Verfügbar unter: http://www.systemische-professionalitaet.de/isbweb/component/option.com_docman/task.doc_download/gid,655/

Schmid, Bernd (2000). Seelische Leitbilder und berufliche Wirklichkeiten. Symposionsvortrag von Bernd Schmid, Dauer: ca. 55 Min. Audiodok. Nr. 300 des ISB. Verfügbar unter: http://www.systemische-professionalitaet.de/isbweb/component/option.com_docman/task.doc_download/gid,368/

Schmid, Bernd (2003). Seelische Bilder und berufliche Wirklichkeiten. Vortrag von Bernd Schmid, Dauer: ca. 65 min. Audiodok. Nr. 317 des ISB. Verfügbar unter: http://www.systemische-professionalitaet.de/isbweb/component/option.com_docman/task.doc_download/gid,634/

Schmid, Bernd (2004). Seelische Bilder nach P. Schellenbaum. Methodendemonstration von Bernd Schmid, Dauer: ca. 52 min. Audiodok. Nr. 622 des ISB. Verfügbar unter: http://www.systemische-professionalitaet.de/isbweb/component/option.com_docman/task.doc_download/gid,683/

Schmid, Bernd (o.J.). Kurzeinführung zu seelischen Bildern. Methodendemonstration von Bernd Schmid, Dauer: ca. 30 min. Audiodok. Nr. 615 des ISB. Verfügbar unter: http://www.systemische-professionalitaet.de/isbweb/component/option.com_docman/task.doc_download/gid,671/

Träume in der Therapie V&R

Elisabeth Walsum
Und wo bleibt der Dank!
Meine Psychotherapie in Träumen
2011. 245 Seiten, kartoniert
ISBN 978-3-525-40126-2

Die Geschichte einer Psychotherapie mit einer Fülle von Trauminterpretationen erhellt die Black Box des psychischen Heilungsprozesses: Was passiert mit mir, wenn ich mich in therapeutische Behandlung begebe?

Helmwart Hierdeis (Hg.)
Der Gegenübertragungstraum in der psychoanalytischen Theorie und Praxis
2010. 246 Seiten mit 3 Abb., kartoniert
ISBN 978-3-525-40164-4

Dieses Buch greift ein bisher zu Unrecht vernachlässigtes Thema auf und diskutiert sein Bereicherungspotenzial für den psychoanalytischen Prozess: die Gegenübertragungsträume der Therapeuten.

Christa Schmidt
Meine Familiengeschichte in Träumen
Spurensuche über Generationen
2008. 152 Seiten mit 8 Abb., kartoniert
ISBN 978-3-525-40406-5

Wegweiser, um sich anhand der eigenen Träume mit seiner Familiengeschichte auseinanderzusetzen und dadurch Verborgenem auf die Spur zu kommen, das das eigene Leben prägt.

Gaetano Benedetti
Symbol, Traum, Psychose
Unter Mitarbeit von Alice Bernhard-Hegglin.
2006. 144 Seiten mit 2 Abb., kartoniert
ISBN 978-3-525-49086-0

»In dieser kleinen Sammlung von späten Texten, entstanden auf dem Hintergrund von sechs Jahrzehnten Forschung und Erfahrung auf dem Gebiet der Psychotherapie der Psychosen, verdichten sich die wesentlichen Erkenntnisse Gaetano Benedettis und öffnen zugleich neue Sichweisen.«
Peter Geißler, Psychoanalyse und Körper

Maja Müller-Spahn
**Symbolik – Traum
– Kreativität im Umgang mit psychischen Problemen**
Mit einem Vorwort von Gaetano Benedetti
2005. 219 Seiten mit 7 s/w und 18 farb. Abb., kartoniert
ISBN 978-3-525-46236-2

Profunde Kenntnisse der Symbolkunde erleichtern in der Therapie den Zugang zum Patienten und ermöglichen die richtige Antwort auf seine Gefühlswelt.

Mehr Informationen unter www.v-r.de!

Vandenhoeck & Ruprecht

Systemische Therapie V&R

Holger Lindemann /
Christiane Rosenbohm
Die Metaphern-Schatzkiste
Systemisch arbeiten mit
Sprachbildern
2012. Ca. 120 Seiten mit 25 Abbildungen, 5 Tabellen und einer DVD, kartoniert. ISBN 978-3-525-40175-0

Von »Das Leben ist kein Ponyhof!« bis »Was ist denn das für ein Affenzirkus!«: Dieses Buch zeigt, wie die Verwendung bildlicher Sprache in systemischer Therapie und Beratung wahre Wunder bewirken kann.

Martin Rufer
Erfasse komplex, handle einfach
Systemische Psychotherapie als Praxis der Selbstorganisation – ein Lernbuch
2012. Ca. 272 Seiten, kartoniert
ISBN 978-3-525-40179-8

Psychotherapie als Praxis der Selbstorganisation klingt kompliziert, ist es aber nicht. Schaut man Martin Rufer über die Schulter, wird schnell deutlich, was gemeint ist.

Luc Ciompi / Elke Endert
Gefühle machen Geschichte
Die Wirkung kollektiver Emotionen – von Hitler bis Obama
2011. 272 Seiten, kartoniert
ISBN 978-3-525-40436-2

Die Menschheitsgeschichte ist eine Geschichte der großen Gefühle – im Positiven wie im Negativen. Luc Ciompi und Elke Endert verschmelzen Erkenntnisse aus Psychologie, Soziologie, Politik und Geschichte zu einem eigenen Erklärungsansatz.

Jan Bleckwedel
Systemische Therapie in Aktion
Kreative Methoden in der Arbeit mit Familien und Paaren
3. Auflage 2011. 314 Seiten mit 25 Abb. und 26 Tab., kartoniert
ISBN 978-3-525-49137-9

Therapeuten wissen aus eigenem Erleben: Aktionsmethoden machen Spaß. Aber wie befördert man damit die Arbeit mit Familien und Paaren?

Hans Schindler / Wolfgang Loth /
Janina von Schlippe (Hg.)
Systemische Horizonte
2011. 260 Seiten mit 9 Abb. und 6 Tab., gebunden
ISBN 978-3-525-40438-6

Der Horizont gehört zu den magischen Begriffen, deren Auftauchen wie von selbst einen Geschichtenraum eröffnet. Dieser Band beleuchtet systemisches Navigieren aus unterschiedlichen Perspektiven.

Vandenhoeck & Ruprecht